GIOVANNI FLORIS

Risiko

I PROBLEMI DEGLI ITALIANI
LE FINTE GUERRE DELLA POLITICA

Con Vittorio Amedeo Alessio

Rizzoli

Fotocomposizione: Studio Editoriale Littera, Rescaldina (MI)

Risiko

A Beatrice, a Valerio, e a tutto quello che vogliamo.
A Beatrice, Maria e Anna.

Primum vivere, deinde philosophari
(Prima le cose concrete, dopo la filosofia)

Introduzione
La sindrome del Risiko

«Scopo del gioco: raggiungere per primi il proprio obiettivo segreto. Componenti: un piano di gioco, rappresentante un planisfero suddiviso in 42 territori, appartenenti ai 6 continenti. 6 eserciti di diverso colore, costituiti da piccoli carri armati (ciascuno rappresentante un'armata), 3 dadi blu e 3 dadi rossi. Un mazzo di carte "Territori" così suddiviso: 42 carte raffiguranti ciascuna uno dei territori presenti sulla plancia di gioco e il simbolo di una delle tre armi dell'esercito (fante, cavallo, cannone). 2 carte "Jolly" distinguibili dalle altre per la presenza dei simboli di tutte le armi e l'assenza della mappa. Un mazzo di carte "Obiettivi", indicanti gli obiettivi segreti che i giocatori dovranno tentare di raggiungere...»[1]

Il Risiko è un gioco: non ha altro fine che far passare il tempo a chi ci gioca. A Risiko ci si mette intorno a un tavolo, si stabiliscono regole valide solo per chi vi siede e si dà il via; da quel momento si condividono un linguaggio e degli obiettivi, si viene trascinati in strategie, liti o trabocchetti che riguardano unicamente le persone intorno al tavolo. Loro e nessun altro.

A Risiko si combattono guerre furiose che non hanno alcuna influenza sulla realtà delle cose, perché si tratta di un gioco, di una finzione.

Se apriamo la scatola del Risiko ci divertiamo noi e gli amici con cui giochiamo, quelli che con noi lanciano i dadi, spostano le pedine, si scervellano per conquistare nazioni inesistenti, respingere attacchi inesistenti, occupare aree di un mondo inesistente. Al Risiko ci sentiamo in guerra, ma in realtà non lo siamo.

Ci sentiamo importanti, ma in realtà non lo siamo. Mentre giochiamo possiamo fingerci grandi strateghi, credere di avere tra le mani le sorti del mondo: in realtà stiamo solo facendo passare il tempo. È un gioco appassionante, ma solo per chi vi partecipa.

La politica italiana cade spesso vittima della sindrome del Risiko: i protagonisti parlano un linguaggio tutto loro, si confrontano su tematiche oscure per la maggior parte dei cittadini, si dividono in squadre per combattere battaglie assolutamente inutili, che servono solo a far passare il tempo a loro e a chi parla di loro.

Come le pedine e i regolamenti del Risiko richiamano a truppe inesistenti, così i nostri politici spesso si affrontano in scenari che non hanno alcun collegamento con la realtà, che non riguardano più il mondo di chi li ha eletti.

Ci sono problemi strutturali, vere e proprie linee di frattura che attraversano la nostra società, ma noi non siamo più in grado di affrontarli in modo pragmatico. Individuiamo la spaccatura e ci schieriamo da una parte o dall'altra del crepaccio. Una metà d'Italia si pone a sinistra, l'altra a destra. Basta un cenno, una parola d'ordine e l'Italia si divide: non su idee e progetti alternativi, ma su atteggiamenti, frasi fatte, principi *prêt à porter* a uso di chi da decenni gestisce il potere. La nostra società sembra sempre più disinteressarsi alla soluzione dei problemi reali, mentre sembra sempre più attirata dall'idea di sbattere in faccia una visione del mondo standard a chi la pensa diversamente. Sono già pronte per ogni problema reale un paio di concezioni del mondo in competizione tra di loro, talmente diverse e caratterizzate da impedire agli italiani di vedere le cose in maniera nuova e pragmatica. Questi luoghi comuni assorbono la totalità delle nostre energie, della nostra vita politica e persino sociale. Ci pongono davanti a un nemico che ci acceca e ci impediscono di trovare soluzioni nuove a vecchie emergenze.

Se le famiglie reali non hanno i soldi per pagare la bolletta, o anche solo per andare in vacanza, o se non sanno a chi lasciare i figli durante il giorno, i politici passano il tempo a dibattere su quale sia il genere di famiglia degno di questo nome, se la famiglia cioè debba essere formata da uomini e donne sposati, conviventi, single, etero o omosessuali. Ma anche i dibattiti più importanti – come quelli che si sviluppano intorno a liberalizzazione o protezione, rigore o espansione, egualitarismo o libertà –, invece di servire a indicare la strada a chi vuole risolvere i problemi, sempre più vengono utilizzati come una cortina fumogena che nasconde l'incapacità della politica di risolvere i problemi reali.

I problemi che abbiamo incontrato nella nostra inchiesta sono più diversi, complessi e profondi di come è solita presentarli la lotta politica. L'Italia non è fatta di evasori fiscali cui si contrappongono inflessibili moralisti che rifiutano lo sconto del professionista. L'Italia è vittima di un sistema che rende conveniente l'evasione, e se si parla di soldi la convenienza non è una cosa da poco. Evadere è conveniente perché non ti beccano mai e perché non si ha alcun vantaggio a fatturare. Tutto qui.

Il mondo del lavoro non è composto da due sole categorie: i lavoratori dipendenti contrapposti ai lavoratori autonomi. Cresce non tutelata un'enorme massa di precari che non si riconosce in nessuna delle due categorie, e la legge si preoccupa solo di catalogarla, come si farebbe con una nuova specie di insetti che invadesse il continente. Non hanno diritti, non hanno strumenti per costruirsi una vita, sono solo ossessionati da sociologi e giuristi che si sforzano di dare un nome ai contratti che vengono loro offerti.

Gli anziani non sono Anchise: non sono dei vecchi infermi che gravano sulle spalle dei figli. Sono cittadini che aspettano dallo Stato servizi che permettano loro di rendersi utili, partecipi, essenziali. E ancora: i problemi dell'energia non si risolvono dividendosi tra favorevoli e contrari al nucleare, i sistemi chiusi non si aprono defenestrando chi li ha guidati sino all'ultimo scandalo, i lavori pubblici non si sbloccano accusando le popolazioni locali di egoismo. Non si restituisce slancio all'economia demonizzando la Cina, non si restituisce il potere d'acquisto ai lavoratori insultando Bruxelles e la moneta unica. Il rischio che sempre più corre l'Italia è che le eterne campagne elettorali vengano combattute rinfacciandosi vecchie accuse e utilizzando vecchie categorie che servono solo a lasciare il Paese nello stallo.

In questo lavoro ci siamo ispirati alla massima che i latini attribuirono ad Aristotele: *primum vivere, deinde philosophari*, e quindi parleremo essenzialmente di problemi economici e sociali. Ma l'Italia si divide su ogni argomento: se la giustizia non ha i mezzi per andare avanti, se le procure non riescono a pagare i fornitori di fogli per le fotocopie, gli schieramenti non trovano di meglio che contrapporre i simboli: uno candida i giudici, l'altro gli imputati, in un eterno guardie e ladri che non risolve i problemi di nessuno e serve solo ad accendere le opposte tifoserie. Allo stesso modo i giornalisti Mediaset vengono fischiati alle manifestazioni di centrosinistra, i giornalisti Rai vengono additati sempre e comunque come filogovernativi o amici dell'opposizione, a seconda della rete in cui lavorano e a prescindere dal *modo* in cui lavorano.

Persino la Chiesa viene digerita dal sistema: parliamo

delle conferenze stampa di Ruini, oppure delle provocazioni dei religiosi vicini ai no global, e dimentichiamo che la realtà è fatta di migliaia e migliaia di singoli preti che non assomigliano né a Ruini né a don Vitaliano, e che fanno il loro lavoro (bene o male) senza avere nulla a che vedere con i modelli di cui sopra.

Il Risiko, per noi, è una metafora, al limite un monito, un'immagine che utilizziamo per delineare il rischio di uno scollamento definitivo tra classe politica e cittadinanza, con un conseguente straniamento della seconda dalla prima.

Come le guerre del Risiko servono a conquistare nazioni inesistenti, così molte delle battaglie che si combattono in Italia sono battaglie inutili, che ci prostrano, ci affaticano e ci distraggono ma non migliorano la vita di nessuno.

In questo libro scorticheremo la politica italiana. Le toglieremo la pelle, rivelando i meccanismi che nasconde. Quindi accetteremo il suo ordine del giorno, ma lo rivolteremo come un guanto. Parleremo di famiglia, ma ne parleremo in termini reali, non ideali. Parleremo di opere pubbliche e di energia, ma non sposeremo né il fronte del sì né quello del no. Parleremo di banche, di calcio, di ordini e professioni, di flessibilità, pensioni e conti pubblici, di evasione fiscale e di ricchezza, di globalizzazione e di povertà. Proveremo però a parlarne in termini nuovi, e magari scopriremo che molto spesso tutti noi, quando ci confrontiamo, quando litighiamo, quando ci appassioniamo e magari anche quando andiamo a votare, non facciamo politica.

Giochiamo a Risiko.

Ricchi o poveri

1
Il test dei test

Una giornata particolare

Venerdì 3 febbraio 2006, il presidente del Consiglio Silvio Berlusconi propinava al Paese l'inedito binomio Coop-camorra (le Coop rosse, cioè, sono legate alla camorra), mentre l'aspirante premier Romano Prodi definiva la Casa delle Libertà «un'armata in rotta». Nella sede del ministero dell'Industria a Roma, intanto, si svolgeva una riunione riservata ai tecnici per informare il ministro che si stavano esaurendo gli stoccaggi di gas e che bisognava attingere alla riserva strategica, prepararsi a distaccare le centrali e ai blackout a rotazione.

Sempre il 3 febbraio 2006, mentre Berlusconi informava il Paese del fatto che il suo avversario alle prossime elezioni temeva un confronto televisivo, e mentre Prodi ribadiva che avrebbe accettato il confronto sì, ma solo con regole certe e condivise, una grande banca francese, Bnp Paribas, acquisiva il controllo della Banca Nazionale del Lavoro e diventava socio di riferimento di Unipol tramite l'acquisto di una partecipazione azionaria nella holding di controllo delle assicurazioni bolognesi.

Di nuovo quel venerdì, mentre Berlusconi rivelava al Paese che c'era del marcio nella magistratura, e mentre Prodi criticava la legge elettorale proporzionale voluta dall'allora maggioranza, il governo spagnolo autorizzava una fusione da 23 miliardi di euro tra le due più grandi compagnie energetiche del Paese, segnando una tappa fondamentale nel processo di consolidamento dell'industria europea dell'energia.

Ancora quel venerdì, mentre Berlusconi definiva i corrispondenti delle testate estere degli incapaci, l'agenzia di rating Moody's ricordava quali riforme (decisive ma impopolari) gli investitori internazionali attendessero dal nostro Paese.

Romano Prodi portava il suo saluto al congresso dello Sdi.

Il 3 febbraio dovrebbe diventare il giorno di san Risiko. La data in cui ricorre il gran record, la data in cui è stato registrato il gap maggiore t.a la politica e i problemi reali del Paese. Per tutta la giornata l'agenda della politica aveva ignorato i fatti. Accadeva ormai da mesi, e forse mai come nei giorni che hanno preceduto l'ultima tornata elettorale è diventato evidente questo scollamento tra il dibattito politico e la realtà.

Banche comprano banche, gli investitori analizzano le nostre scelte pronti a sanzionare errori, l'Europa seleziona e forma le aziende che vinceranno sul mercato comune tra dieci anni. Si ridisegnano equilibri, scompaiono alcuni attori e ne nascono altri. Il tutto in un vuoto politico coperto da un format di bisticci, battute, battaglie inutili, scontri di principio *prêt à porter*.

La riforma fiscale

La riforma del fisco è l'esempio più eclatante di come si possano dedicare cinque anni a un obiettivo senza ricavarne nulla. La riforma fiscale della Casa delle Libertà non verrà qui giudicata positivamente, ma non è questo il punto. Quello che vogliamo sottolineare è come l'approccio ideologico a una riforma condanni quest'ultima al fallimento. Le tasse non sono un nemico, né sono (ci mancherebbe!) un amico. Sono lo strumento che lo Stato utilizza per raccogliere risorse. Per abbassarle si possono fare solo due cose: o si riducono le risorse di cui lo Stato ha bisogno, o si cerca di far pagare le tasse a più persone, in modo che tutti paghino di meno.

Chiedersi se pagare le tasse sia giusto o ingiusto è inutile, e diventa solo un modo per perdere tempo.

Conviene pagare le tasse?

Pagare le tasse si deve, e questo lo sappiamo. Ora domandiamoci: pagare le tasse conviene? La risposta è semplice: dipende. Dipende da che cosa ottieni in cambio delle tasse che paghi e da che cosa rischi, se non lo fai.

Cerchiamo di chiarire innanzitutto il primo punto. Ciò che riceviamo in cambio delle tasse che versiamo dipende principalmente da una variabile che troppo spesso accantoniamo come un problema di macroeconomia, che non riguarda noi ma gli economisti, o quei noiosi burocrati di Bruxelles. Ciò che riceviamo in cambio dalle tasse dipende innanzitutto da quanto debito pubblico abbiamo in carico. In Italia, per esempio, gran parte delle imposte che versiamo serve a pagare gli interessi che dobbiamo a chi ci ha prestato i soldi. E più alto è il debito, più alti sono gli interessi. È ovvio: chiunque presti soldi a una persona molto indebitata pretenderà interessi alti, chiunque li presti a una persona che dimostra di saper tenere in equilibrio i conti, concederà tassi più favorevoli. In una delle ultime rilevazioni il nostro debito ammontava a due milioni di miliardi di vecchie lire (1000 miliardi di euro), ma è inutile stupirsi: è già aumentato. Un terzo delle nostre tasse va a pagare gli interessi sul debito.

A queste, è inutile pensare di poter rinunciare: sono impegni che abbiamo l'obbligo assoluto di onorare, quei soldi ci servono, quindi non possiamo cancellare le tasse che ce li procurano. Da questo lato, dunque, niente tagli.

Le tasse servono poi a finanziare i servizi dello Stato, la spesa pubblica in tutte le sue forme. Le funzioni come giustizia, difesa, sicurezza costano relativamente poco; il grosso della spesa è legato a sanità, pubblico impiego e pensioni. I pensionati sono tantissimi, perché l'Italia (lo vedremo in seguito) è un Paese di anziani. Quanto ai dipendenti pubblici, in Italia ce ne sono ancora 3,5 milioni (i loro stipendi valgono più o meno l'11 per cento del Pil), mentre il numero di enti pubblici si attesta attorno ai 10.000. Il che porta il totale delle spese del 2005 per i redditi da lavoro dipendente delle amministrazioni pubbliche a una cifra inferiore di soli 30 miliardi di euro alle entrate da imposte dirette. Su tutto questo è difficile risparmiare, a meno di non varare riforme strutturali profonde, che avrebbero comunque effetto (nella migliore, e più improbabile, delle ipotesi) nel medio termine. Debito, sanità, pensioni, pubblica amministrazione: ecco dove vanno le nostre tasse, ed ecco perché è difficile abbassarle.

Ma quanto paghiamo di tasse?

Difficile dirlo, possibile farsi un'idea. Consideriamo una famiglia media composta da tre persone: se il suo reddito è di circa 2000 euro netti al mese, possiamo immaginare che alla fine paghi 1000 euro fra tasse e contributi.

D'altronde paghiamo tasse anche quando non ci pensiamo: ad esempio facendo la spesa si paga l'Iva, che può pesare tra il 4 e il 20 per cento. Considerando una spesa di 800 euro al mese, circa 160 se ne vanno per l'Iva; e non è finita qui, perché poi paghiamo le tasse sulla benzina (il 70 per cento circa del prezzo, e se pensiamo a un consumo di 1000 litri all'anno, sono circa 2000 euro). Poi ci sono il canone Rai (che se non è una tassa è qualcosa di molto simile), l'Ici (che ad esempio, per una modesta casa di periferia, costa circa 200 euro all'anno), il bollo automobilistico e l'assicurazione della macchina, su cui pesano circa 50-60 euro di tasse. E ancora, le imposte sul metano, sull'energia elettrica, le imposte regionali e provinciali e le accise. E poi c'è la Tarsu per la raccolta e lo smaltimento dei rifiuti: circa 200 euro all'anno...

Le tasse più odiate

Le tasse possono essere dirette o indirette. Le prime colpiscono il contribuente in relazione al suo reddito, le seconde lo colpiscono in base ai suoi consumi. Comprate qualcosa? Pagate una tassa. La tassa indiretta si paga in rapporto alla cosa che si compra, alla spesa che si fa, non in rapporto a quanto si guadagna. Se zio Paperone e zio Paperino comprano un chewing-gum ciascuno, pagano la stessa cifra di Iva. Solo che sul reddito di zio Paperone la cifra versata peserà molto meno di quanto non pesi sul reddito di zio Paperino. È una tassa ingiusta perché colpisce in ugual misura ricchi e poveri, ma è una tassa (almeno in teoria) evitabile, perché basta non spendere.

L'associazione Contribuenti.it ha domandato a 1500 italiani quali sono le tasse che odiano di più, e in cima alla classifica sono finite proprio le tasse indirette.

Le tasse più odiate dagli italiani

1.	Accise su benzina, energia elettrica e metano
2.	Ticket sanitari
3.	Tassa concessione televisiva (canone Rai)
4.	Tarsu
5.	Ici
6.	Imposta di bollo
7.	Tasse concessioni governative
8.	Irap
9.	Iva
10.	Imposte sui redditi

Secondo questa stessa indagine, solo un cittadino su quattro sa perché paga le tasse, e tre su quattro si considerano sudditi di una amministrazione finanziaria troppo burocratizzata che spesso viola i diritti dei contribuenti.

L'evasione fiscale

Difficile dire a quanto ammonta l'evasione fiscale in Italia, quanti dei soldi che dovrebbero entrare nelle casse dello Stato se ne rimangono nelle tasche di chi froda la collettività. Secondo le stime, l'evasione avrebbe raggiunto l'astronomica cifra di 200 miliardi di euro all'anno, di questi solo 40 miliardi vengono scoperti e solo uno viene effettivamente riscosso.

Praticamente, su 100 euro di reddito dichiarato, sfuggono al fisco 46 euro.

Leggendo i dati diffusi dalla Guardia di Finanza, si scopre che nel 2005 sono stati scoperti 19,4 miliardi di redditi imponibili, più o meno quanti ne furono scoperti nel 1999, quando furono scovati 18,8 miliardi.[2]

Ma trovare quel che è sfuggito al fisco non vuol dire incassarlo: l'evasore scoperto apre un contenzioso, oppure condona, e solo una parte minima di quel che viene scoperto dalla Finanza si trasforma in gettito: per fare un esempio, nel 2001 sono state riscosse somme pari al 3,1 per cento dell'evasione accertata, nel 2002 il 2,2 per cento. Il crollo è dell'ultimo triennio: 0,96 per cento nel 2003, 0,51 nel 2004 e 0,34 nei primi 11 mesi del 2005.

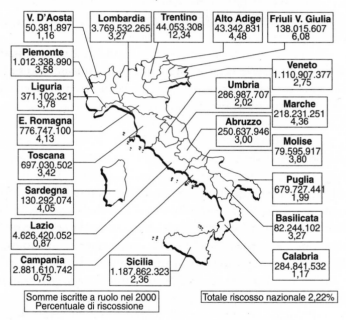

Quanto pesa l'evasione
Il carico fiscale nel 2000 e la percentuale di riscossione a fine 2005

V. D'Aosta 50.381.897 1,16	**Lombardia** 3.769.532.265 3,27	**Trentino** 44.053.308 12,34	**Alto Adige** 43.342.831 4,48	**Friuli V. Giulia** 138.015.607 6,08

Piemonte 1.012.338.990 3,58

Veneto 1.110.907.377 2,75

Liguria 371.102.321 3,78

Umbria 286.987.707 2,02

Marche 218.231.251 4,36

E. Romagna 776.747.100 4,13

Abruzzo 250.637.946 3,00

Toscana 697.030.502 3,42

Molise 79.595.917 3,80

Sardegna 130.292.074 4,05

Puglia 679.727.441 1,99

Lazio 4.626.420.052 0,87

Basilicata 82.244.102 3,27

Campania 2.881.610.742 0,75

Sicilia 1.187.862.323 2,36

Calabria 284.841.532 1,17

Somme iscritte a ruolo nel 2000
Percentuale di riscossione

Totale riscosso nazionale 2,22%

Il fenomeno dell'evasione è diffuso in tutto il Paese: al Sud l'imponibile non dichiarato raggiunge il 34,5 per cento del totale nazionale, mentre il Nordest raggiunge quota 18,9 per cento; 26,5 per cento il Nordovest, 20,1 per cento il Centro. Calabria, Sicilia, Puglia e Campania sono le regioni in cui l'evasione è più elevata in termini relativi, mentre Lazio, Lombardia e Sicilia sono in termini assoluti le regioni in cui si registrano le quote maggiori di evasione.

Come si combatte l'evasione

Per sanare un fenomeno di queste dimensioni si possono fare solo due cose: combatterlo senza pietà, oppure perdonarlo. Vie di mezzo non ce ne sono. Lo Stato deve abbracciare la strada della lotta all'evasione, oppure quella del condono; deve decidere se eliminare l'evasione o guadagnarci sopra.

Tranne parentesi più o meno ampie, il Paese sembra aver storicamente abbracciato la strada dei condoni fiscali che, se da un lato generano un gettito straordinario per lo Stato, dall'altro incrinano il rapporto di fiducia tra fisco e contribuenti.

Il contribuente sa che se non rispetta le norme prima o poi arriverà proprio una norma a liberarlo dalle sanzioni. Nello stesso tempo aspetta rimborsi fiscali che gli spettano ma che non arrivano mai, sempre annunciati ma rimasti lettera morta. Secondo alcuni calcoli i rimborsi dovuti ammontano a circa 25 miliardi di euro; i tempi medi di attesa superano oggi i dieci anni, ma per i rimborsi più consistenti si devono aspettare anche ventitré anni.

Quale credibilità ha uno Stato che non punisce chi gli sottrae risorse, ma piuttosto lo premia, o che prende tempo aggrappandosi a cavilli giuridici o burocratici quando i soldi deve restituirli?

L'evasione in Italia prospera per tanti motivi. Innanzitutto, lo abbiamo detto, perché è conveniente. Il rischio è basso, il guadagno è alto. In Italia (ma non solo in Italia) se puoi evadere lo fai. Il sistema ha maglie troppo larghe, se lo fai nessuno ti vede, nessuno ti controlla. E quando parliamo di controllo non parliamo necessariamente di Guardia di Finanza.

L'evasione degli autonomi di piccole e medie dimensioni, ad esempio, è la conseguenza della mancata trasformazione, nel nostro Paese, dei piccoli negozi in catene di produzione. Pensiamo ad un negozietto di frutta e alla facilità con cui il proprietario può evadere: un sorriso al cliente, gli si consegna la busta della spesa, si incassa il dovuto e non si batte lo scontrino. L'evasione è fatta. Le cose andrebbero diversamente alla cassa di un supermercato, dove i primi controllori sono proprio i clienti e i dipendenti. Una cosa è non fare la ricevuta in una visita a domicilio, o in un negozietto dove cliente e titolare si danno del tu, una cosa è alla cassa dell'ipermercato, o in un grande centro medico o commerciale, dove non devi solo convincere il cliente a non chiedere la fattura, devi anche invitare l'impiegato o la cassiera a non battere lo scontrino! Praticamente impossibile. Allo stesso tempo è difficile, per il titolare di grandi magazzini, pagare fuori busta paga i propri dipendenti, pratica invece semplicissima e conveniente per il titolare (per esempio) di un piccolo elettrauto.

Lo stesso si può dire per professionisti come dentisti o parrucchieri che operino al di fuori dei grandi studi, quelli con un'unica cassa per più servizi: i singoli professionisti hanno a che fare ogni giorno con clienti singoli, e con quelli trattano. Senza ricevuta accettano di fare uno sconto, non hanno testimoni e l'accordo è conveniente per entrambi.

Se d'altronde è lo Stato stesso a non considerare l'evasione un grande problema, perché il contribuente dovrebbe essere più realista del re? Oltretutto in materia fiscale il discrimine tra il bene e il male è ancora più incerto che in altri ambiti: non esiste solo l'evasione, esiste anche l'elusione, che fa altrettanti danni. L'evasione è contro la legge, è il risultato di una violazione delle norme, si diventa inadempienti nei confronti del fisco perché si è fatto qualcosa a sua insaputa, generalmente gli si è nascosto un guadagno o parte di esso. L'elusione è invece uno stratagemma giuridico che il contribuente utilizza per evitare di pagare le tasse, consiste nell'aggirare un obbligo tributario tramite l'utilizzo di uno strumento legale, quindi senza violare la legge. Si fa qualcosa al di fuori della legge, non contro la legge. Esempio semplice: chi non ha usufruito degli sgravi fiscali per la prima casa se ne costruisce una seconda e dichiara che si tratta della sua prima abitazione.

I controlli sull'evasione fiscale

Se ognuno di noi potesse detrarre dalle tasse quello che ha pagato al professionista di turno probabilmente sarebbe tutto più facile: il cliente avrebbe un interesse da far valere, e pretenderebbe sempre e comunque la fattura. Lo Stato incasserebbe di più, l'evasione verrebbe drasticamente ridotta, anche se c'è da chiedersi se le tante detrazioni dovute alla fine non farebbero saltare i conti. Intanto, in attesa che una riforma generale ridisegni completamente il rapporto tra fisco e contribuente, qualcosa bisogna inventarsi.

Come si controllano i potenziali evasori? Non è facile. Non si può certo far visita a tutti. Vincenzo Visco, appena insediatosi al ministero dell'Economia,[3] ha disegnato una serie di norme che dovrebbero aiutare l'Erario a scovare redditi imponibili sinora sfuggiti allo Stato. Si va dalla revisione dei cosiddetti studi di settore (una sorta di previsione sul guadagno degli autonomi) all'obbligo per le banche di inviare al mega archivio dell'anagrafe tributaria i dati relativi ai conti correnti, dall'obbligo per il professionista di dotarsi di un conto corrente diverso da quello personale per gestire entrate e uscite legate al proprio lavoro al divieto di pagare in contanti le prestazioni del professionista, fino all'infittimento della rete dei controlli sulle partite Iva.

Al di là delle strategie scelte di volta in volta dai singoli ministri, è ovvio che ci si deve muovere in base a un piano complesso, che viene elaborato nell'anno precedente agli accertamenti: si decide ad esempio se fare i controlli su tutti i contribuenti con un determinato reddito (per esempio superiore ai 10 milioni di euro) oppure se verificare i comportamenti di alcune categorie: si può scegliere di far visita agli avvocati piuttosto che ai parrucchieri, si può decidere di controllare tutti coloro che hanno chiesto il rimborso Iva, oppure di mandare le Fiamme Gialle a indagare sugli affari della comunità cinese nelle grandi città. Non occupiamoci delle procedure che nascono da indagini penali, e concentriamoci sul controllo «normale», che non parte dalle procure ma prende il via a livello amministrativo. La Guardia di Finanza si presenta negli uffici dell'azienda, o nello studio del professionista, ed esegue le verifiche studiando tutti i documenti contabili. Ci sono poi i controlli «incrociati», che servono a portare alla luce ciò che non emerge dalle carte ufficiali. Si cerca il conto che non torna, il particolare che fa saltare il quadro presentato dal professionista sottoposto a verifica. Pensiamo al dentista che ha fatturato lavori su due pazienti in un mese ma che nello stesso mese ha «consumato» 100 paia di guanti sterili monouso, o all'avvocato che ha emesso meno fatture di quante cause risultano in tribunale, o al ristoratore che ha portato quintali di tovaglie in lavanderia e ha denunciato 10 tavoli a sera. Si contattano i fornitori di mozzarella per le pizzerie, si calcola quanta ne serve per una pizza e si controlla quanta ne è stata usata: in questo modo si risale alle fatture non emesse.

Questi esempi servono solo ad avere un'idea: i controlli possono essere ancora più specifici, legati alla tipologia di imposta che si pensa sia stata evasa. Pensiamo ai Comuni, che controllano Ici e Tarsu, o ai controlli sulle locazioni, che richiedono procedure di controllo sui valori del catasto.

Il Paese dei disuguali

Di certo qualcosa da controllare c'è. Nel 2004 ha dichiarato un reddito superiore ai 200.000 euro appena lo 0,14 per cento degli italiani, 55.733 persone. Se andiamo a vedere chi ha guadagnato più di 100.000 euro il risultato non cambia di molto: 0, 67 per cento dei contribuenti, 271.000 persone. Un italiano su quattro dichiara redditi da fame, 6000 euro l'anno (stando alle statistiche, sarebbero sotto la soglia di povertà) mentre il 36,3 per cento (15 milioni di persone circa) guadagna tra i 12.500 ed i 25.000 euro l'anno. In base alle dichiarazioni presentate i poveri in Italia sarebbero oltre 10 milioni: per l'Istat sono 7 milioni e mezzo. Qualcosa non quadra; e se si va indietro nel tempo le cose non cambiano.

Nel 2003, a denunciare oltre 200.000 euro lordi l'anno erano 49.645 italiani, lo 0,12 per cento dei 40 milioni di contribuenti. Il 26 per cento, 10 milioni di persone, dichiaravano 500 euro al mese, 6000 euro l'anno. Il 64,5 per cento dei contribuenti denunciava tra i 7500 e i 30.990 euro l'anno (sempre lordi).[4] Dati troppo stonati per non essere controllati. «Stonati» anche i dati che risultano dalle denunce delle singole categorie. Partiamo dal fatto che un operaio arriva a stento a guadagnare 20.000 euro lordi l'anno: un tassista denuncia in media 11.516 euro lordi annui, un avvocato 49.316, un farmacista 135.631, un ristoratore 13.446 euro. Altro elemento che fa riflettere: l'ingresso nell'euro ha fatto spendere a tutti di più, ma non ha fatto guadagnare nessuno, almeno a guardare i 730 degli autonomi. Al ristorante paghiamo il doppio, al bar paghiamo il doppio, l'idraulico, il dentista, il taxi, l'avvocato lo paghiamo il doppio, ma nel triennio 2002-2004 i redditi degli autonomi indicano incrementi spesso al di sotto dell'inflazione.

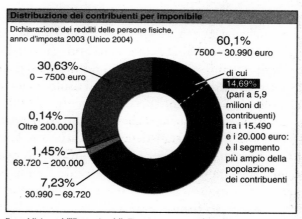

Distribuzione dei contribuenti per imponibile

Dichiarazione dei redditi delle persone fisiche, anno d'imposta 2003 (Unico 2004)

30,63%
0 – 7500 euro

0,14%
Oltre 200.000

1,45%
69.720 – 200.000

7,23%
30.990 – 69.720

60,1%
7500 – 30.990 euro

di cui
14,69%
(pari a 5,9 milioni di contribuenti) tra i 15.490 e i 20.000 euro: è il segmento più ampio della popolazione dei contribuenti

Fonte: Ministero dell'Economia e delle Finanze
Da "Corriere della Sera", 13 agosto 2006

Classi di reddito complessivo in euro	Imprenditori	Professionisti	Agricoltori	Totale
zero o meno di **zero**	163.931	30.279	10.387	204.597
da **100** a **7500**	550.474	109.883	336.751	997.108
da **7500** a **40.000**	1.363.495	325.292	250.212	1.938.999
da **40.000** a **80.000**	241.715	270.805	26.768	539.288
da **80.000** a oltre **200.000**	38.154	97.805	5699	141.658
Totale	2.357.769	834.064	627.817	3.821.650

Fonte: elaborazione su dati ministero dell'Economia – dipartimento per le Politiche fiscali
Da "la Repubblica", 13 agosto 2006

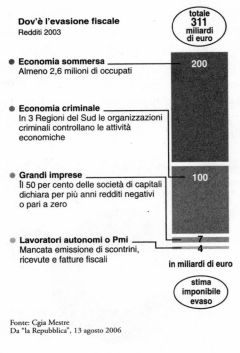

Dov'è l'evasione fiscale
Redditi 2003

totale
311
miliardi
di euro

● **Economia sommersa**
Almeno 2,6 milioni di occupati

200

● **Economia criminale**
In 3 Regioni del Sud le organizzazioni
criminali controllano le attività
economiche

● **Grandi imprese**
Il 50 per cento delle società di capitali
dichiara per più anni redditi negativi
o pari a zero

100

● **Lavoratori autonomi o Pmi**
Mancata emissione di scontrini,
ricevute e fatture fiscali

7
4

in miliardi di euro

stima
imponibile
evaso

Fonte: Cgia Mestre
Da "la Repubblica", 13 agosto 2006

L'evasione per settori
Ogni 100 euro dichiarati
quanti sono sottratti al fisco

Costruzioni	24,03
Industria	8,47
Commercio	76,73
Servizi a Imprese	88,86
Servizi a famiglie	112,31

Da "la Repubblica", 9 agosto 2006

Eurostat ha elaborato un indice delle diseguaglianze, che serve a misurare un Paese dal punto di vista delle differenze che si trovano al suo interno. In questa classifica l'Italia è al secondo posto, subito dopo il Portogallo, al pari della Grecia. Bankitalia ha stabilito che il 10 per cento degli italiani controlla il 43 per cento della ricchezza disponibile, mentre un altro 10 per cento degli italiani se ne divide l'1 per cento. "Il Venerdì"[5] ha raccolto un po' di dati che testimoniano come in Italia i ricchi ci siano, e non abbiano timore di spendere: le vacanze coinvolgono la metà abbondante della popolazione, ma solo il 4,5 per cento va all'estero. Nel primo semestre 2006 abbiamo battuto il record delle nuove immatricolazioni di auto, mentre lo stock di vetture di lusso in circolazione, 7.750.000, e i 472.000 natanti immatricolati ci ricordano che c'è gente che la vita se la sa (e se la può) godere.

Ancora sulle auto. Sempre l'inchiesta del settimanale ci aiuta a fare i conti: lo scorso anno sono state vendute 2.263.501 auto. Di queste, 130.000 sono state pagate almeno 50.000 euro. Compongono questa cifra 40.000 costosissimi Suv, cui vanno sommate le 9000 auto di gran lusso (che valgono più di 90.000 euro). Chi è l'acquirente di questo lussuosissimo pacchetto? Gli italiani che se lo potrebbero permettere, in base alle dichiarazioni fiscali, sono proprio quei 50.000 circa che hanno dichiarato redditi per 200.000 euro annui: in pratica, o tutti e 50.000 hanno cambiato la macchina da un anno all'altro, oppure c'è un'ampia area di ricchissimi che ha dichiarato meno di quanto incassa. Oppure, ancora, diverse migliaia di italiani si sono indebitati (di brutto) per farsi la Porsche. E ancora: 65.000 italiani posseggono barche che superano i 12 metri, che quindi sono costate (nuove) almeno 150.000 euro, oltre a costare almeno 10.000 euro l'anno di «parcheggio» e altrettanto di manutenzione. Per chi non fosse soddisfatto, un'ultima chicca: una ricerca inglese ci fa scoprire che il 9 per cento degli italiani non avrebbe problemi a spendere 200 euro per un paio di scarpe.

I ricchi, insomma, ci sono: secondo l'"Economist" il 60 per cento di loro vive al Nord (il 26 per cento in Lombardia), 6 su 10 hanno più di 50 anni e 6 su 10 sono lavoratori autonomi.

L'Italia sommersa
Dichiarazioni 2004 per categoria

Mercerie	7642
Ambulanti arredamento	8011
Ambulanti abbigliamento	8328
Lavanderie e tintorie	8611
Sarti	8659
Ambulanti calzature	8986
Barbieri e parrucchieri	10.181
Fiorai	10.605
Commercianti tessuti	10.803
Profumerie	11.070
Pescivendoli	11.229
Tassisti	11.516
Cartolai	11.623
Commercianti casalinghi e Tv	11.741
Commercianti giocattoli e sport	11.915
Fotografi	11.971
Ambulanti alimentare	12.229
Fruttivendoli	13.437
Ristoratori e rosticceri	13.446
Baristi	13.471
Ceramisti	13.525
Commercianti strumenti musicali	14.271
Pastai	15.167
Commercianti di automobili	15.838
Orologiai e gioiellieri	16.644
Pasticceri	16.869
Commercianti plastica e legno	16.984
Psicologi	19.011
Imbianchini	19.600
Odontotecnici	20.303
Commercianti ingrosso abbigliamento	20.383
Agenti immobiliari	20.561
Meccanici	20.592
Falegnami	21.668
Tappezzieri	22.611
Amministratori condomini	24.164
Geometri	24.342
Fornitori servizi di pulizia	24.916
Commercianti ingrosso ricambi veicoli	24.981
Consulenti informatici	25.168
Calzaturieri	25.569
Marmisti	26.249
MEDIA	26.491
Elettricisti e idraulici	26.905
Fabbri	29.544
Architetti	30.401
Dentisti	42.585
Avvocati	49.316
Commercialisti e ragionieri	56.379
Farmacisti	135.631
Notai	428.348

Da "L'espresso", 24 agosto 2006

34

Immobili	
Una casa di pregio? C'è chi ne ha tre	
Immobili di pregio venduti	35.611
Famiglie proprietarie di immobili di lusso	875.000
Famiglie proprietarie di almeno tre immobili	566.000

Patrimoni finanziari	
In duecentomila sopra il milione di dollari	
Famiglie titolari di patrimoni finanziari superiori ai 500.000 euro	702.000
Individui che detengono una ricchezza superiore a un milione di dollari	195.000

Quattro ruote	
Tra Suv e «superiori» le vendite marca per marca	
Totale auto vendute	2.263.501
Segmento superiore (oltre 50.000)	81.021
Lusso (oltre 90.000)	8776
Suv di lusso	40.000
Porsche	5933
Bmw 3	23.934
Bmw 5	15.000
Bmw X3	10.000
Bmw X5	5000
Mercedes E	10.000
Audi A6	10.000
Cherokee	5000
Auto di lusso circolanti (cilindrata superiore ai 2.100) su 40 milioni di vetture circolanti	7.750.000

Nautica	
Mezzo milione di barche, molte di alta categoria	
Natanti immatricolati (lunghezza fino a 10 metri)	472.000
Imbarcazioni superiori ai 12 metri (ma solo 11.800 sono immatricolate in Italia)	65.000

Da "Il Venerdì", 28 luglio 2006

Le rendite

Quello dell'armonizzazione delle aliquote tra rendite da capitale e lavoro sarà il Pianeta più caldo su cui si confronteranno le forze politiche in questa legislazione. Su questa materia sono prevedibili diversi interventi che cambieranno più volte i termini della questione. Noi ci limiteremo quindi a fotografare la situazione a inizio legislatura, in modo da comprendere bene su quale realtà la politica testerà la propria capacità riformatrice. È impossibile infatti al momento prevedere gli interventi che si succederanno in merito. È possibile però evidenziare le strutture e le inefficienze di un sistema fiscale che da più parti si chiede di riformare.

Perché un manager che riceve una retribuzione di un milione di euro deve lasciarne 421.390 all'erario, mentre se viene remunerato con *stock options* che generano un guadagno dello stesso importo ne deve pagare solo 125.000? Tra un milione di reddito da lavoro e un milione di reddito da capitale, per il fisco c'è un divario di 300.000 euro. Il dibattito sull'equiparazione fiscale dei due tipi di reddito è tutto qui. O in quest'altro esempio, fatto a "L'espresso" dal tributarista Tommaso di Tanno: «Prendiamo due società con un reddito imponibile pari a 100, nel primo caso frutto dell'attività industriale, nel secondo dei guadagni realizzati vendendo pacchetti azionari. Nelle tasche del socio di maggioranza industriale andrà una somma pulita pari a 56, il finanziere, grazie alla Pex (*participation exemption*)[6] guadagnerà circa 83». In Italia, insomma, il capitale viene tassato meno del lavoro: conviene speculare in Borsa piuttosto che avere un'azienda.

Questo non è un bene, dal momento che un'azienda dà lavoro ad altre persone, produce, diffonde reddito nella collettività anche tramite l'indotto; la speculazione borsistica lascia invece invariata la realtà su cui interviene, tranne le tasche dello speculatore. Negli Stati Uniti tutti i redditi da capitale concorrono a formare il reddito personale, che viene così tassato utilizzando le normali aliquote fiscali: non c'è nessuna differenziazione tra lavoro e capitale. In questo modo si evitano distorsioni nell'allocazione delle risorse, si eliminano occasioni di evasione ed elusione fiscale, si dà maggiore impulso alle crescite economiche. In Italia invece esiste una grande disparità tra il peso fiscale che grava su imprese e lavoro e quello che grava sulle rendite finanziarie: il primo si aggira intorno al 40 per cento, il secondo varia dal 12,5 per cento dei *capital gain* al 27 per cento delle rendite dei conti correnti.

Secondo un'indagine del "Sole 24 Ore"[7] l'Italia è tra i pesi massimi nella graduatoria mondiale del cuneo fiscale, ossia la differenza tra quello che un'azienda sborsa per pagare lo stipendio di un dipendente e quanto al dipendente entra effettivamente in tasca una volta sottratti tasse e contributi. In Italia tasse e contributi incidono per il 45,4 per cento sul costo del lavoro (dati Ocse): ma aggiungendo l'Irap si sale al 52,7 per cento, valore che colloca l'Italia al secondo posto dopo il Belgio. Dietro a Belgio e Italia, per peso delle imposte e contributi su un lavoratore senza carichi familiari con salario pari alla media seguono la Germania (51,8 per cento), l'Ungheria (50,5 per cento), la Francia (50,1 per cento), la Svezia (47,9 per cento). La media Ue a 15 è del 42,1 per cento, la media Ocse è del 37,3 per cento.

L'investimento in Borsa, e soprattutto in titoli di Stato, gode di aliquote molto più basse rispetto al prelievo sulla busta paga. Abbiamo già sottolineato che delle tasse c'è bisogno. Ma non è detto che debbano pesare tutte da una parte; tutte su un tipo di reddito (quello appunto da lavoro, quello che viene retribuito con busta paga), niente o poco più di niente (il 12,5 per cento) sui redditi che derivano dallo sfruttamento di un capitale che, investito, dà diritto ad una rendita. Per questo da più parti (all'interno dell'Unione con più decisione, ma anche da parte di alcuni autorevoli esponenti della Casa delle Libertà) è stato proposto l'aumento della ritenuta del 12,5 per cento sulle cosiddette rendite.

Secondo la Bank of America,[8] la bontà della politica fiscale del governo di centrosinistra sarà misurata proprio sul fronte dell'equiparazione dei due sistemi: si tratta, in sostanza, di reperire risorse intervenendo sul divario esistente tra tassazione sul lavoro e tassazione sul capitale.

«L'elevata tassazione sul lavoro, e il gap rispetto alla tassazione sul capitale» citiamo sempre la Bank of America «sembra aver disincentivato la creazione di nuovo lavoro, soprattutto al livello di lavoro a bassa qualificazione [...]. Rimane da vedere se il centrosinistra, considerati i vincoli di bilancio esistenti, avrà il coraggio di essere aggressivo su questo fronte.»

Dunque, una riduzione delle tasse sul lavoro può essere finanziata con un aumento delle tasse sul capitale. Si possono aumentare le aliquote esistenti (12,5 per cento sui Bot e Btp, 27 per cento sulle azioni), magari esentando i piccoli importi; oppure si possono mettere Bot e azioni direttamente nella dichiarazione dei redditi e buona notte.

Molti obiettano paventando lo spettro della fuga dei capitali: in realtà, chi è ricco davvero ha già i soldi nei paradisi fiscali, e in ogni caso si tratterebbe di armonizzare le aliquote italiane con quelle – più elevate – degli altri maggiori Paesi industrializzati. Si tratta di Paesi che tra l'altro hanno meno difficoltà dell'Italia ad attrarre capitali: nessuno fugge da New York.

Certo i titoli del Tesoro sono il bene più delicato, perché se gli investitori non trovassero più conveniente acquistarli perderemmo un'importantissima fonte di finanziamento. In realtà gli investitori esteri sono già esenti dalla tassazione, perché «lavorano» al lordo della ritenuta d'acconto. A riprova di ciò, nessuno a Londra o a Wall Street si preoccupa delle intenzioni di Vincenzo Visco.

Nel sito internet del Tesoro si può trovare addirittura la lista completa degli Stati dai quali si può operare esentasse sul debito della Repubblica. Sono praticamente tutti gli Stati del mondo tolti i paradisi fiscali. Dal medesimo sito si può scaricare il modulo da riempire per certificare il fatto di essere un investitore non residente, e avere quindi la possibilità di lavorare al lordo della ritenuta d'acconto.

Ora il punto è: se gli investitori esteri sono esenti dalla tassazione, saranno le famiglie italiane a pagare l'eventuale aumento fiscale?

Nella relazione annuale della Banca d'Italia si legge che, a fronte di cessioni nette di titoli pubblici da parte delle banche e dei fondi comuni, si sono registrati significativi acquisti netti da parte di operatori esteri. Alla fine del 2004 i titoli pubblici detenuti da investitori non residenti sfioravano il 49 per cento della consistenza totale; la quota posseduta da famiglie e imprese era pari al 18 per cento.

I Bot non sono più così importanti per gli italiani. Le famiglie negli anni Novanta investivano soprattutto in circolante, depositi e titoli pubblici, ma adesso il loro portafoglio si è gradualmente avvicinato a quello degli altri Paesi dell'area dell'euro. Tra il 1995 e il 2003 l'incidenza dei depositi e dei titoli obbligazionari detenuti direttamente è diminuita del 20 per cento. Il peso delle azioni e delle quote di fondi comuni è invece cresciuto, portandosi al di sopra della media dei Paesi dell'area euro già dal 1998. In realtà, quindi, un aumento dell'imposizione sui titoli di Stato avrebbe un effetto assai ridotto, e comunque riguarderebbe soltanto i redditi più elevati. Secondo dati riportati da Maria Cecilia Guerra[9] il 10 per cento degli italiani possiede più del 40 per cento delle attività finanziarie e il 10 per cento più povero l'1,2. In pratica, il 10 per cento più ricco ha quasi la metà delle attività finanziarie del Paese, e l'aliquota vantaggiosissima del 12,5 per cento si applica in misura preponderante sui redditi dei più ricchi. Scrive Francesco Giavazzi: «Quando lo Stato tassa i cittadini più poveri per pagare gli interessi sul debito pubblico preleva il 23 per cento (l'aliquota minima sui redditi da lavoro) e lo trasferisce perlopiù ai ricchi, i quali, sugli interessi che percepiscono, pagano solo il 12,5 per cento».[10]

La Guerra calcola che, se questa aliquota salisse al 20 per cento come proposto da più parti, una famiglia con un reddito netto di 20.000 euro l'anno subirebbe una perdita (minori interessi sui titoli, in parte compensati dal minor prelievo sui depositi) di 25 euro l'anno circa; l'effetto per una famiglia con un reddito netto di 79.000 euro sarebbe di 456 euro l'anno.

La guerra finta

Il diverbio sul fisco ha dominato il dibattito politico dell'intera legislatura passata. La possibilità di ridurre la tassazione, la scelta delle categorie cui concedere maggiore possibilità di spesa sono stati i temi su cui si è diviso il Paese negli ultimi cinque anni. La possibilità di cancellare l'Ici ha fagocitato anche l'ultimo scampolo della campagna elettorale per le politiche 2006.

Tutte discussioni inutili. Tutta teoria, accademia, fiction per elettori incalliti. Che le tasse non potessero scendere lo si sapeva sin dal 2001, e se anche il governo avesse voluto diminuirle, avrebbe dovuto impostare sin dall'inizio una politica di riduzione del debito, la spugna che come abbiamo visto assorbe gran parte dei contributi che versiamo. Il debito, invece, ha fatto sballare anche i parametri europei nei quali stavamo faticando per rientrare.

A fine legislatura, si deve osservare che la Cdl ha realizzato ben poco delle promesse fatte sul fronte fiscale. Le imposte generali sono state abbassate in misura infinitesimale, soprattutto per quanto riguarda alcune situazioni di forte indigenza. Si è trattato di redditi minimi, e comunque non è stata risolta la vita di nessuno.

La Casa delle Libertà ha realizzato solo interventi «manifestabili», nel senso che è riuscita a stampare poster con scritto «abbiamo abbassato le tasse ai poveri» senza dire una bugia. Peccato che i poveri non se ne siano accorti: rispetto all'aumento di tariffe, ticket e prezzi e alla mancanza del lavoro i pochi euro incassati non fanno la differenza. Chi vive nel ceto medio, poi (chi guadagna insomma intorno ai 2000 euro al mese), non si è neanche accorto della permanenza al governo della Casa delle Libertà. La risposta alla grande domanda della campagna elettorale appena passata (Berlusconi sul fronte fiscale ha fatto bene o male?) è in fondo semplicissima: su questo fronte Berlusconi *non ha fatto*.

Il problema vero del Paese, l'evasione, è rimasto irrisolto. Il problema vero del Paese, il debito pubblico, anche. Il problema vero del Paese, la spesa pubblica, pure. Sembra di capire che la riduzione delle tasse in Italia non può che essere la conseguenza di una politica mirata al raggiungimento di un altro obiettivo: la riduzione della spesa, o (non necessariamente in alternativa) l'allargamento della platea contributiva. Le tasse scenderanno quando non ne serviranno più così tante, o quando non sarà più così facile evaderle.

Fino a che non si riuscirà ad ottenere questo, in Italia vivremo in una specie di Medioevo: non saranno i redditi a determinare il livello di tassazione, ma le condizioni di vita, la casta, la categoria o la famiglia in cui si nasce. I 2000 euro guadagnati dal lavoratore dipendente magari varranno, una volta pagate le imposte, 1200 euro, quelli guadagnati dal professionista scorretto ne varranno 2000 secchi, e tanti saluti al fisco. Chi li guadagna in Borsa lascerà sul terreno appena il 12,5 per cento.

E ancora: chi nascerà in una famiglia che ha una seconda casa di proprietà potrà non dichiarare l'affitto incassato, chi nascerà in una famiglia che sta in affitto dovrà maledire la propria sorte.

Come nel Medioevo, a pagare le tasse rischiano di essere (quasi) solo i sudditi, mentre i nobili sono (quasi) esentati.

E allora il problema (vero) del Paese, mentre si aspetta di poter ridurre le tasse, diventa come farle pagare a tutti. Colpendo l'evasione, o ridistribuendo il peso delle imposte. È per questo che sia il centrodestra che il centrosinistra, sia il sindacato che gli imprenditori, sanno che il cuore di ogni futura politica fiscale passerà per la riduzione del cosiddetto cuneo fiscale. Le tasse che ora gravano sulla busta paga dovranno essere in parte pagate anche da chi la busta paga non la riceve. Il lavoro dipendente, da solo o quasi, non ce la fa più a finanziare il Paese.

Anche perché il Paese si sta trasformando velocemente e tra le due aree tradizionali, quella del lavoro dipendente e quella del lavoro autonomo, si sta creando una terza area, un ibrido, una terra di nessuno in cui i lavoratori sono un po' dipendenti e un po' autonomi. Hanno pochi soldi, sono giovani e nessuno si accorge di loro. Rischiano nel contempo di guadagnare poco come i lavoratori dipendenti o di essere inseguiti dal fisco come gli autonomi. Insomma, nella partita a Risiko della politica si gioca con le vecchie pedine, e ci si dimentica dei protagonisti nuovi della società: lavoratori autonomi finti, future vittime vere di un gioco che va avanti senza curarsi di loro. Teniamoli a mente, perché li rincontreremo tra qualche pagina.

2
Primum vivere

Gli italiani guadagnano tanto o guadagnano poco?

Per dare una risposta bisogna chiedersi innanzitutto rispetto a che cosa misuriamo il tanto o il poco: non possiamo che misurare il nostro salario rispetto a quello di chi lavora in Nazioni simili alla nostra, e quindi a quello di chi lavora nei Paesi nostri partner in Europa. Un secondo modo è metterlo in relazione al cosiddetto costo della vita.

Per quanto riguarda il resto d'Europa, Eurostat ci spiega che l'Italia ha un livello salariale di poco superiore alla media dei 25 Stati membri dell'Unione,[11] 30.712 euro contro 30.533. I lavoratori dipendenti francesi e tedeschi si attestano rispettivamente sui 38.032 euro e sui 32.845 euro; se i salari in Francia ed in Germania dal 2000 al 2004 sono cresciuti del 10 per cento, da noi sono cresciuti del 4 per cento.

L'andamento delle retribuzioni medie è più o meno quello che si riscontra nel resto d'Europa. Secondo il rapporto dell'Ocse sulla tassazione sui salari 2005, i salari lordi (prima cioè del prelievo fiscale) sono aumentati in Italia del 3,2 per cento, al netto degli effetti dell'inflazione, dell'1,1 per cento. Gli aumenti medi sono stati del 3,9 per cento nei

Caporeparto Quarantenne con due figli, capo di un reparto di oltre 100 persone di un'azienda industriale	Stipendio annuo netto (in euro)	Ore di lavoro settimanali
Budapest	8400	43
Francoforte	46.600	40
Londra	46.200	39
Madrid	24.500	40
Milano	20.000	40
New York	50.100	41
Parigi	37.500	38
Shanghai	15.100	40
Varsavia	13.200	41

Commessa grande magazzino Lavora nel settore moda di un grande magazzino. Ha 20-25 anni, single.	Stipendio annuo netto (in euro)	Ore di lavoro settimanali
Budapest	4100	43
Francoforte	15.700	38
Londra	21.400	38
Madrid	13.700	40
Milano	12.000	40
New York	17.600	41
Parigi	13.100	35
Shanghai	1900	43
Varsavia	4500	41

Operaia 25 anni d'età, single, operatrice di macchina tessile con scarsa esperienza.	Stipendio annuo netto (in euro)	Ore di lavoro settimanali
Budapest	4000	41
Francoforte	11.800	39
Londra	18.100	39
Madrid	10.700	40
Milano	11.400	40
New York	18.300	41
Parigi	10.800	35
Shanghai	1800	47
Varsavia	3000	41

Operaio specializzato Sposato con due figli, circa 35 anni d'età, 10 anni di esperienza in una grande azienda.	Stipendio annuo netto (in euro)	Ore di lavoro settimanali
Budapest	4800	43
Francoforte	23.500	38
Londra	28.500	38
Madrid	16.600	40
Milano	13.500	40
New York	35.900	41
Parigi	11.900	35
Shanghai	4500	40
Varsavia	4800	41

Da "Panorama", 31 agosto 2006

Manovale edile Circa 25 anni d'età, single, 5 anni di esperienza.	Stipendio annuo netto (in euro)	Ore di lavoro settimanali
Budapest	3800	43
Francoforte	14.900	39
Londra	23.000	40
Madrid	12.600	42
Milano	15.200	40
New York	25.300	41
Parigi	8700	35
Shanghai	1600	47
Varsavia	3000	41

Cuoco Circa 30 anni d'età, single, gestisce in un buon ristorante 2 o 3 collaboratori.	Stipendio annuo netto (in euro)	Ore di lavoro settimanali
Budapest	9800	43
Francoforte	22.100	39
Londra	22.900	41
Madrid	23.000	40
Milano	17.300	40
New York	24.700	41
Parigi	22.400	36
Shanghai	10.200	40
Varsavia	7300	41

Autista d'autobus Lavora da una decina d'anni per un'azienda di trasporti pubblici. Sposato con due figli.	Stipendio annuo netto (in euro)	Ore di lavoro settimanali
Budapest	5100	41
Francoforte	19.600	38
Londra	19.100	40
Madrid	15.700	39
Milano	14.700	40
New York	26.100	42
Parigi	16.200	35
Shanghai	2000	47
Varsavia	4500	41

Insegnante Sposata con due figli, insegna nelle scuole pubbliche da una decina d'anni.	Stipendio annuo netto (in euro)	Ore di lavoro settimanali
Budapest	5100	40
Francoforte	33.600	37
Londra	25.900	40
Madrid	21.600	38
Milano	15.200	28
New York	29.400	40
Parigi	17.700	31
Shanghai	2200	40
Varsavia	3900	29

Meccanico d'auto Circa 25 anni d'età, single, dipendente con 5 anni di esperienza.	Stipendio annuo netto (in euro)	Ore di lavoro settimanali
Budapest	5100	42
Francoforte	18.200	39
Londra	20.200	43
Madrid	12.800	38
Milano	12.700	40
New York	25.100	41
Parigi	12.200	40
Shanghai	4100	40
Varsavia	4300	41

Bancario specialista crediti Una decina di anni di esperienza in banca, circa 35 anni d'età, sposato con due figli.	Stipendio annuo netto (in euro)	Ore di lavoro settimanali
Budapest	8800	41
Francoforte	32.400	39
Londra	31.700	39
Madrid	23.700	40
Milano	18.100	39
New York	22.400	41
Parigi	35.700	35
Shanghai	12.600	40
Varsavia	6000	40

Product manager Circa 35 anni d'età, sposato senza figli, almeno 5 anni di esperienza, laurea o diploma tecnico.	Stipendio annuo netto (in euro)	Ore di lavoro settimanali
Budapest	11.700	43
Francoforte	37.700	39
Londra	36.600	39
Madrid	29.200	43
Milano	32.300	40
New York	45.600	41
Parigi	34.000	37
Shanghai	15.600	40
Varsavia	10.800	42

Segretaria 25 anni d'età, single, circa 5 anni d'esperienza in un'azienda medio-grande.	Stipendio annuo netto (in euro)	Ore di lavoro settimanali
Budapest	5400	41
Francoforte	20.800	39
Londra	26.000	39
Madrid	16.800	40
Milano	14.400	40
New York	24.200	41
Parigi	17.300	35
Shanghai	3000	40
Varsavia	4300	40

Paesi Ocse (1,5 per cento al netto dell'inflazione), del 3,3 per cento nell'Europa a 15 (1,3 per cento in termini reali) e del 3,9 per cento (1,4 per cento) nell'Europa allargata.

In Italia circa 10,5 milioni di lavoratori guadagnano meno di 1350 euro netti al mese; 6,5 milioni di lavoratori guadagnano meno di 1000 euro al mese, mentre circa 10 milioni di pensionati guadagnano meno di 800 euro al mese. Questo però non significa molto. Dobbiamo controllare quale sia il potere d'acquisto del nostro salario, di modo da poterne valutare l'efficacia reale. Il potere d'acquisto è dato dalla quantità di beni e servizi che si possono acquistare con una unità di moneta; in pratica, cosa riusciamo a comprare col nostro stipendio? Ci basta o no?

Paese	2000	2001	2002	2003	2004	Differenza
Belgio	37.070	**38.396**	39.968	**40.611**	41.452	+11,8%
Regno Unito	36.486	**37.495**	38.479	**36.495**	38.928	+6,6%
Irlanda	30.336	**32.590**	34.236	**36.147**	38.140	+25,7%
Francia	33.828	**34.642**	35.811	**36.796**	38.032	+12,4%
Germania	31.366	**31.858**	32.293	**32.757**	32.845	+4,5%
Italia	28.446	**29.476**	29.661	**29.784**	30.712	+7,9%
Spagna	22.618	**23.419**	24.195	**24.988**	25.817	+14,1%

Da "Il Venerdì", 28 luglio 2006

Quanto pesa la nostra busta paga?

Il rapporto sui salari dal 2002 al 2005 messo a punto dall'Ires ci spiega che il dipendente medio con una retribuzione di 24.584 euro ha perso potere d'acquisto per l'equivalente di 1647 euro in tre anni: una tassa fantasma si è mangiata una mensilità in tre anni.

Il costo della vita tra l'altro tende a penalizzare le categorie più deboli. Basti pensare a quanto hanno perso i giovani (-24,5 per cento sulla media nazionale delle retribuzioni lorde dei lavoratori dipendenti), le donne (-18,2 per cento), gli immigrati (-38,6 per cento), i lavoratori del Mezzogior-

47

no (-30,2 per cento) e quelli delle piccole imprese (-38,2 per cento). Chi sta peggio ha perso di più.

Nello stesso periodo, 2002-2005, alla perdita cumulata di potere d'acquisto dei redditi delle famiglie con capofamiglia operaio (-1425 euro) o impiegato (-1434 euro) si contrappone invece una crescita del potere d'acquisto delle famiglie degli imprenditori e dei liberi professionisti (+9053 euro).

I ricchi sono diventati più ricchi, i poveri più poveri: il reddito si è trasferito da chi ha meno a chi ha di più.

Il problema dell'Italia sembra quindi essere più che altro la sperequazione tra categorie, la forbice ricchi-poveri che si apre sempre di più, visto che la dinamica generale delle retribuzioni sembra invece allineata a quella delle altre maggiori economie. Secondo l'Istat, ad esempio, nel solo 2005 l'aumento medio dei salari è stato del 3,1 per cento – una cifra che segna il record dopo il +4,4 per cento del 1997.[12]

Che tra il 2001 e il 2005 i lavoratori dipendenti italiani abbiano perso potere d'acquisto lo registra anche il VII Rapporto sulla retribuzione degli italiani 2006.[13] Secondo lo studio realizzato su 1,4 milioni di profili retributivi, in Italia dal 2001 al 2005 le retribuzioni dei dipendenti del mondo delle imprese hanno segnato un incremento complessivo medio del 9,4 per cento. Al netto dell'inflazione (pari al 9,6 per cento secondo l'Indice Nic dell'Istat) la Retribuzione totale annua lorda (Rta) degli italiani registra una valore negativo pari a -0,2 per cento. I dipendenti che hanno perso più punti nella corsa contro il carovita sono la categoria più numerosa: gli impiegati, la cui Retribuzione totale annua è aumentata del 3,8 per cento, perdendo in termini reali il 5,8 per cento.

Nella pagina accanto, una tabella riassume l'andamento delle retribuzioni per categorie.

Categoria	Rta 2001	Rta 2005	Diff. 2005-2001	Trend al netto dell'inflazione	
				%	€
Dirigenti	€ 81.346	€ 93.829	15,3%	5,7%	€ 4637
Quadri	€ 40.885	€ 47.887	17,1%	7,5%	€ 3066
Impiegati	€ 24.226	€ 25.145	3,8%	-5,8%	-€ 1405
Operai	€ 18.690	€ 20.800	11,3%	1,7%	€ 318

Dirigenti e quadri migliorano la loro condizione, con un incremento della Retribuzione totale annua (Rta) nell'arco dei cinque anni considerati, rispettivamente del 15,3 per cento e del 17,1 per cento, che al netto dell'inflazione significa una crescita pari al 5,7 per cento e 7,5 per cento. Sostanzialmente invariata la retribuzione degli operai rispetto al costo della vita. Sebbene gli stipendi nel 2005 fossero superiori a quelli del 2001 dell'11,3 per cento, al netto dell'inflazione questo valore cresce soltanto dell'1,7 per cento.

Nuove rilevazioni, stesso risultato: chi sta bene sta un po' meglio, chi sta meno bene peggiora o non si muove.

Il costo della vita

L'inflazione sottrae reddito, si comporta come una tassa. È una tassa ingiusta, perché sottrae la stessa percentuale di reddito tanto ai poveri quanto ai ricchi: chi ha tanto se ne accorge poco, chi ha poco se ne accorge tanto.

Ma di quanto è aumentata la vita in Italia? Durante l'ultima legislatura lo scontro è stato ferocissimo: alla maggioranza che citava i dati Istat, l'opposizione ripeteva che quei dati erano falsati, e che l'inflazione aveva fatto segnare aumenti ben maggiori. Chi aveva ragione? Probabilmente nessuno, o tutti e due. Il problema è che si confrontavano su indici che non hanno alcuna rilevanza pratica. L'Istat per certificare il dato sull'inflazione utilizza quello che in termini tecnici viene definito il «paniere», un elenco di beni che viene preso come riferimento dagli statistici che elaborano le medie.

Si tratta di un'infinità di voci divise in capitoli, categorie, gruppi e voci di prodotto.

Le nuove regole

L'Istat calcola il costo della vita sul prezzo dei 562 prodotti più richiesti dai consumatori: l'elenco viene aggiornato ogni anno.

 Le voci che entrano
- Ricotta
- Formaggio stagionato pasta filata
- Formaggio stagionato locale
- Ananas
- Latte in polvere per neonati
- Pigiama da donna
- Felpa bambino
- Jeans bambino
- Apparecchio ortodontico
- Bed & breakfast

 Le voci che escono
- Brie
- Provolone
- Caciocavallo
- Tessuto per donna
- Tessuto per uomo
- Body donna
- Noleggio videocassette
- Bigiotteria

 Le vecchie categorie
- Trasporti ferroviari
- Pc (Personal computer)
- Carta di credito
- Cassetta di sicurezza
- Tenuta conto corrente
- Servizi bancoposta

 Le categorie ristrutturate
- Trasporti ferroviari nazionali
- Trasporti ferroviari regionali
- Pc unità centrale
- Pc unità periferiche
- Servizi di deposito, incasso e pagamento
- Altri servizi finanziari

Da "La Stampa", 2 febbraio 2006

In base all'andamento di questi prezzi (opportunamente misurati e rapportati) si definisce l'indice di inflazione, il numero che ci informa ufficialmente su quanto potere d'acquisto ha perso il nostro reddito. Ovviamente, se cambiassero i beni di riferimento contenuti nel paniere cambierebbe anche il risultato della media; proprio per questo motivo è da sempre aperta la polemica con l'Istat da parte di altri istituti che compongono panieri diversi, o da parte di associazioni che chiedono la revisione del paniere stesso. Ma il punto non è questo.

Nessuno di noi acquista il paniere. Ognuno di noi, in base alle proprie necessità, ai propri gusti, alle proprie possibilità o abitudini, ha un paniere personale che può avere (e il più delle volte ha) una composizione completamente differente da quello Istat. Il nostro paniere personale segnala l'inflazione che noi percepiamo. Possiamo spendere in alimenti più di quanto non faccia la media degli italiani, o viaggiare di più o volerci dedicare alla lettura, o avere più conversazioni telefoniche di quanto non preveda l'Istat. La media Istat (come tutte le medie) non esiste: è un'astrazione che serve a chi deve fare dei calcoli. In fondo la spiegazione migliore è sempre quella che diede Trilussa: la media è quella cosa che, se tu hai mangiato due polli e io nessuno, fa risultare che ne abbiamo mangiato uno a testa.

È presumibile che le fasce sociali più deboli spendano una grossa percentuale del proprio reddito in beni essenziali, come ad esempio gli alimenti: è evidente quindi che un'impennata del prezzo delle verdure peserà per loro più di quanto non pesi per i redditi più alti, che stanziano per gli alimenti una percentuale minore del loro ben più corposo reddito. Un professionista che si sposti spesso tra Milano e Roma, ad esempio, potrebbe non accorgersi del prezzo delle verdure ed essere invece favorevolmente colpito dalla riduzione delle tariffe aeree nei voli nazionali. È possibile che esistano queste due tipologie di persone: è sicuro che non esiste nessuno che viva di paniere Istat. Un altro esempio? Gli affitti. L'Istat li certifica in aumento, ma gli affitti alti sono un male per gli affittuari e un bene per i proprietari: ha un qualche significato il dato percentuale in sé? Non lo ha. Va calato nella condizione di chi lo vive. E in Italia si vive da troppo tempo in apnea.

I prezzi

Il dibattito politico che accompagna la pubblicazione di dati e ricerche sulla dinamica delle retribuzioni si incentra quasi sempre su due aspetti: da un lato, con in prima linea le associazioni dei consumatori, ci sono coloro che mettono in dubbio la veridicità o attendibilità delle rilevazioni dell'Istat, e dall'altro ci sono coloro che invocano meccanismi di controllo sui prezzi. Come ha notato Alfredo Recanatesi su "La Stampa" «[Quest'ultimo] sembra essere il mondo auspicato dalle associazioni dei consumatori e da alcune forze politiche particolarmente inclini alla demagogia: se un rincaro è inferiore o al massimo pari all'inflazione – ovviamente passata – è in qualche modo legittimato; se lo supera non lo è: non conta né il fatto che quei rincari diventano parte dell'inflazione che sarà rilevata in futuro (così perpetuandola), né soprattutto il fatto che, come un rincaro più contenuto dell'inflazione potrebbe essere ugualmente ingiustificato, così un rincaro maggiore può essere giustificato da molte oggettive ragioni. [...] Un mondo nel quale tutto si muovesse secondo l'inflazione media (ovviamente passata) sarebbe un mondo per tanti versi immobile, non ci sarebbe progresso, né per le cose, né per le persone. Sarebbe un mondo spento perché il valore reale dei beni e dei servizi espresso dal loro prezzo al netto dell'inflazione ed il potere d'acquisto degli stipendi, delle pensioni, dei redditi da lavoro autonomo rimarrebbe congelato».[14]

Il punto insomma non è tanto quale sia il rincaro giusto e quale sia quello sbagliato: il punto è mettere in moto un meccanismo che renda non conveniente alzare i prezzi, che faccia in modo che chi alza il prezzo (senza migliorare il prodotto) perda il cliente. L'unico meccanismo conosciuto per raggiungere questo obiettivo è la libera concorrenza. L'apertura dei mercati e la competizione tra imprese che offrono lo stesso servizio è il modo migliore per garantire l'eliminazione di posizioni di rendita e la possibilità per i venditori di «fare il prezzo» imponendolo ai consumatori. In una lettera inviata a "la Repubblica", un lettore, Giulio Massalini, scrive: «Il ministro dell'Economia annuncia moderazione salariale per contrastare il debito pubblico. A questo punto, però, mi chiedo: "Perché moderare i salari, sempre e solo i salari?". Faccio un esempio pratico: l'altra sera in pizzeria per bere due birre e mangiare due filetti di baccalà e due pizze napoletane ho speso la bellezza di 29 euro (58.000 lire). Ecco perché a me sembra che l'annuncio corretto debba essere "Moderazione!!!". È troppo facile prendersela solo con i salari».[15] Se davvero la pizzeria visitata dal signor Massalini ha i prezzi troppo alti, deve essere garantita la possibilità per un altro imprenditore di aprire una pizzeria, magari nella porta accanto, e offrire prezzi più bassi. Nello stesso tempo, e in attesa che il concorrente apra i battenti, il signor Massalini deve avere la possibilità di andare a mangiare la sua pizza altrove. Alla lunga, il conto di 29 euro scenderà oppure il ristoratore esoso sarà costretto a chiudere i battenti.

Vogliamo. Possiamo?

In Italia siamo ricchi o poveri? Capirlo non è facile. Si può spendere tanto ed essere poveri, ad esempio. Nel Rapporto Italia 2005 di Eurispes, nel sondaggio «Vorrei ma non posso» fatto *ad hoc* sul boom del credito al consumo, emerge che la maggior parte degli italiani (45,8 per cento) fa acquisti a rate perché è l'unica soluzione possibile per ottenere ciò che considera necessario. Attenzione, perché il fenomeno del credito al consumo di per sé non significa crisi, anzi, ma diventa un indicatore negativo proprio quando si scopre che ci si indebita *per avere ciò che si considera necessario*.

Il pagamento rateizzato viene comunque utilizzato dall'84,1 per cento degli intervistati una o due volte nel corso dell'anno, mentre un indebitato su quattro dichiara di non avere liquidità sufficiente a comprarsi quello di cui pensa di aver bisogno. Sempre uno su quattro compra a rate perché considera i bassi tassi di interesse l'occasione per fare un affare. Secondo il già citato rapporto Eurispes si comprano a rate: l'auto (il 34,7 per cento degli intervistati), gli elettrodomestici (24,4 per cento), l'arredamento per la casa (18,8 per cento), il Pc o un telefonino nuovo (8,5 per cento), seguiti dal motorino o dallo scooter (5,1 per cento). Il 4,5 per cento delle famiglie intervistate contrae debiti per pagarsi le cure mediche e dentistiche, il 2,8 per cento acquista a rate vestiti e scarpe, l'1,1 per cento degli intervistati a rate fa un viaggio o le vacanze.

Uno studio Eurispes intitolato *Lavorare non basta* ha dimostrato comunque che una famiglia composta dai genitori e da due figli in età scolastica, con due fonti di reddito, modello esaminato su quattro diversi livelli economici, non riesce a far fronte alle spese strettamente necessarie.

Ecco cosa emerge dall'indagine:

Attività	Spese mensili	Reddito mensile disponibile	Differenza in euro	Differenza in percentuale
Muratore e cassiera	3044	2482	-562	-18 per cento
Professore e maestra	3044	2545	-499	-16 per cento
Bancario e commerciante	3044	2765	-279	-9 per cento
Dirigente e universitaria	3044	2610	-434	-14 per cento

Ma non bisogna nemmeno essere troppo schematici. Abbiamo detto che il fenomeno del credito al consumo diventa un indicatore di difficoltà quando si scopre che ci si indebita per avere ciò che si considera necessario, quando cioè lo stipendio non basta ad assicurare il minimo indispensabile.

Ma attenzione: stiamo considerando necessario quello che l'acquirente ritiene essere tale, e oggi come oggi è difficile dividere i beni in necessari e superflui. Non si può dire (ad esempio) che gli italiani sono ricchi perché hanno tutti il telefonino, dal momento che questo oggetto non è più indice di benessere, ma è considerato piuttosto socialmente e culturalmente necessario. La società evolve, si trasforma, e l'immaginario definisce un pacchetto standard di prodotti che contiene tutto quello di cui si sente di avere bisogno per sentirsi un cittadino come gli altri. Questo pacchetto include oggetti che ormai non possono più essere scambiati per indice di benessere. Una volta ci si indebitava per avere la lavatrice, oggi ci si indebita per avere la tv al plasma: in una società industrializzata sono i desideri, piuttosto che i consumi, gli indicatori di benessere: dimmi cosa vorresti comprare e ti dirò dove, con chi e come vivi.

Il mutamento dei bisogni non deve quindi nascondere una crisi che ha effettivamente allargato le fasce di povertà. Si può tirare la cinghia anche col cellulare in mano. Ci sono infatti segnali inequivocabili come il calo dei consumi alimentari, o ancora più evidenti come il fatto che gli italiani buttano via meno facilmente gli acquisti fatti. Se una volta, per esempio, gli alimenti venivano eliminati quando si avvicinava la data di scadenza, oggi li si butta solo una volta scaduti. Da un po'. Ma ancora: nella quarta settimana del mese cala il numero degli scontrini battuti, perché calano le vendite, ma anche quei pochi scontrini che si battono registrano importi più bassi, siano di supermercato, di grandi magazzini o di ristoranti. Parliamo quindi di un fenomeno che riguarda tutti i ceti sociali, quali che siano il loro tenore e le loro abitudini di vita.

La povertà è un rischio?

Prendiamo spunto dal già citato studio della Bank of America pubblicato alcuni mesi prima delle ultime elezioni politiche.[16] Il primo problema del nuovo governo, dice la BoA, è di dare immediato supporto alle fasce di popolazione finite sotto la soglia di povertà: prima occupatevi dei disagi di base, suggerisce l'Istituto, dopo penserete al resto.

Secondo la definizione Eurostat, il 19 per cento della popolazione italiana era a rischio povertà nel 2003, contro il 16 per cento della media dell'Unione Europea, l'11 per cento della Francia e il 15 per cento della Germania.[17]

Per definire la povertà, Eurostat prende in considerazione i redditi inferiori al 60 per cento del reddito medio nazionale (se il reddito medio nazionale è 100 euro, chi guadagna meno di 60 euro è povero): è dunque più corretto parlare di rischio povertà data la natura convenzionale della soglia adottata (per esempio se io dichiaro un reddito più basso del 60 per cento della media nazionale, ma arrotondo col contrabbando di sigarette, sono povero per la statistica, ma in realtà sbarco il lunario). L'Istat ci dice invece che 2.674.000 famiglie (che più o meno dovrebbero corrispondere al 13,2 per cento della popolazione, 7 milioni e mezzo di individui) vivono sotto la soglia della povertà.

Secondo la BoA la percentuale dei poveri in Italia è aumentata nel 2004 e nel 2005. La cosa grave è che l'impoverimento non è la conseguenza di riforme strutturali che potrebbero nel medio o lungo termine aiutare il Paese, anzi è la conseguenza della assenza di riforme. Se ad esempio si varasse una serie massiccia di liberalizzazioni, potremmo avere sulle prime come conseguenza la riduzione dei redditi di chi godeva di posizioni di rendita, ma nel medio e lungo periodo arriverebbero i vantaggi per la collettività. In Italia invece i poveri li creiamo gratis: non come prezzo da pagare per ottenere qualcosa, ma proprio come conseguenza del funzionamento della nostra economia.

La casa

Quello della casa è un fenomeno incredibile. Otto italiani su dieci vivono in una casa di proprietà, ma vivono praticamente dentro un carcere dorato, un carcere costosissimo che tiene prigionieri genitori e figli. In particolare per questi ultimi uscire dalle mura di casa è praticamente impossibile: trovarne un'altra costa troppo, andare in affitto pure. La spesa sostenuta dalla famiglia per acquistare l'immobile è poi stata tale che non rimane più un euro da investire in qualcos'altro: gli italiani si trovano un po' come chi ha acquistato una Ferrari e adesso non ha i soldi per metterci la benzina. E il fatto che l'immobile aumenti di valore non li aiuta, perché è una ricchezza di cui potrebbero disporre solo vendendolo, rinunciando cioè alla propria casa, o meglio alla propria ricchezza.

Nel 1998 i prezzi degli immobili hanno segnato un clamoroso aumento del 40 per cento. Il trend è poi continuato, ultimamente si sono avuti segnali di rallentamento e secondo diversi osservatori tra il 2007 ed il 2008 i prezzi cominceranno a scendere. Il mercato è comunque alle stelle: il boom delle case è stato spiegato con la diminuzione del costo del denaro (e di conseguenza del costo dei mutui) e con la contemporanea crisi delle Borse. L'Italia si è trovata poi in una situazione particolare: il risparmio che tradizionalmente si dirigeva verso il finanziamento del debito pubblico ha cercato altri sbocchi dopo l'ingresso nell'euro: non fidandosi di prestare i soldi alle aziende (ne parleremo successivamente; per ora basti dire che, visto come sono andati i casi Parmalat e Cirio, tutti i torti i risparmiatori non li avevano...), gli italiani hanno preferito comprarsi casa, «buttarsi» sul mattone. Chi aveva i soldi comprava immobili per investire, chi non li aveva vedeva salire i prezzi e allontanarsi il sogno della casa di proprietà.

Come dicevamo, l'80 per cento degli italiani abita in casa di proprietà, solo il 20 per cento in affitto. I senzatetto sono circa 70.000, mentre un milione di persone in Italia vive in un alloggio popolare (in Germania sono 8 milioni). Negli ultimi anni (ottobre 1998-ottobre 2004, secondo dati di Nomisma) le abitazioni hanno aumentato il loro valore in media del 65 per cento, gli uffici del 59 per cento, i negozi di oltre il 57 per cento. Per comprare una casa a Roma, zona semicentro, occorre pagare tra i 5000 e i 6000 euro al metro quadro; a Milano (stesse aree) i prezzi vanno dai 2700 ai 3300 euro.

Anche sul mercato della casa la forbice si apre: qualcuno diventa miliardario, qualcuno diventa povero: chi in questi anni ha comprato la casa per speculare ha fatto tantissimi soldi: chi la voleva comprare per viverci (in genere i figli di quell'80 per cento di proprietari, costretti a vivere in famiglia fino ad età avanzata) ha dovuto rimandare. Chi ha dovuto «mantenere» casa, si è trovato a fronteggiare spese piuttosto alte. In Italia il 24,7 per cento del reddito è impiegato per pagare la casa (peggio solo la Polonia, l'Austria e il Belgio), mentre nel Regno Unito sono fermi al 9,69 per cento. Secondo Federconsumatori, per un appartamento di 90 metri quadri in zona intermedia di una grande città, tra Ici, condominio, mutuo, nettezza urbana e varie nel 2005 una famiglia ha tirato fuori 863 euro contro i 757 del 2001.

Se la casa in città costa troppo, si fugge dapprima verso la periferia, quindi verso i paesi dell'hinterland. Ecco che nel periodo 2000-2005 le compravendite di immobili residenziali nelle maggiori città italiane sono aumentate del 3,9 per cento, mentre nei Comuni dell'hinterland le case acquistate hanno fatto registrare un incremento boom del 20,6 per cento. Nelle zone centrali restano le famiglie più anziane, più ricche e i single, fuori vanno le famiglie a più basso reddito e i giovani.

Le difficoltà di accesso alla casa implicano una distorsio-

Quanto pesa il caro-casa nel bilancio domestico degli italiani (%)*

	Prima del 1994	1994 1998	1998 2003	2003 2007
Redditi fino a 10.000 euro	33,65	41,09	46,44	60,00
Redditi tra 10.000 e 20.000 euro	16,83	20,54	23,22	30,00
Redditi tra 20.000 e 30.000 euro	11,22	13,70	15,48	20,00
Redditi tra 30.000 e 40.000 euro	8,41	10,27	11,61	15,00
Redditi maggiori di 40.000 euro	6,73	8,22	9,29	12,00

*L'incidenza è calcolata sul limite superiore delle singole classi di reddito

ne nella distribuzione del reddito, soprattutto per determinati strati della popolazione. Le famiglie che in Italia possiedono una abitazione sono, entro certi limiti, protette dalle variazioni dei prezzi delle case. Chi invece non possiede la casa è sottoposto a rischi notevoli per la crescita degli affitti e per la difficoltà di accedere alla proprietà: di qui povertà, tensioni sui salari e sui prezzi di altri beni e servizi. C'è una distorsione nel mercato del lavoro, perché la carenza di case in affitto e la necessità di acquistare la casa finisce per ridurre la mobilità dei lavoratori, che cercano il lavoro in funzione della casa e non viceversa. Il tasso naturale di disoccupazione dipende anche dalla facilità con cui le persone possono spostarsi per trovare un lavoro. Si va poco in affitto, perché le case offerte sono relativamente poche. La vendita e il riacquisto di un'abitazione poi è un'operazione impegnativa e costosa. Soprattutto se sei giovane, o meglio se non hai la possibilità di diventare adulto.

Quattro fotografie (un po' sfocate)

Di fronte a questa ricchezza di dati, definizioni, categorie e sotto-categorie, il tabellone del Risiko su cui giocano i nostri politici appare in tutta la sua piattezza. È facile dividere il Paese a metà, se si usano solo due colori. Vuoi dividere l'Italia? Domandale se è liberista o comunista, religiosa o atea, a favore o contro le tasse, pro-giudici o pro-indagati.

Se invece si considerano le sfumature di colore, il «tabellone-Italia» diventa tridimensionale, e il lavoro più complesso. Come dividere e classificare 60 milioni di persone? Per sesso? per età? per professione? per titolo di studio? per provenienza territoriale? per censo?

Le possibilità sono infinite, e ognuno di noi può trovarsi classificato in mille diverse tipologie. Noi abbiamo provato a scattare quattro fotografie: la prima ci è subito venuta sfocata. Volevamo parlare dei giovani, ma ci siamo accorti che arrivavamo a raccontare la vita dei trenta-quarantenni. Abbiamo tenuto la foto sfocata, perché comunque ognuno di noi si è reso conto di conoscere almeno un ultra trentenne costretto a vivere ancora a casa dei genitori, e che quindi (volente o nolente) si deve tenere l'appellativo di giovane. La seconda doveva essere una foto di famiglia, ma sviluppandola ci siamo accorti che c'erano solo donne: abbiamo tenuto anche quella. La terza foto l'abbiamo fatta agli anziani, ed erano tantissimi. Infine, abbiamo chiesto di posare solo ai nostri politici.

Quindi, ricapitolando: giovani (e non), la famiglia (e le donne), gli anziani, i politici. Buona lettura.

3
I precari (in pianta stabile)

*come regola / abitual-
mente / come routine /
sempre.*

I mille volti di una fregatura

*fregare a
imbroglio*

Per tutti gli anni Novanta si è ripetuto che il vero lavoro andava fatto sulla psicologia dei lavoratori. Bisognava far capire loro, in particolare ai giovani, che il posto fisso non solo era un residuo del passato, ma che era anche poco conveniente. La professionalità si sarebbe sviluppata grazie alla flessibilità, alla possibilità per ognuno di cambiare più posti di lavoro nella vita, di passare di azienda in azienda come un'ape di fiore in fiore. Non era vero, o perlomeno era vero soltanto a metà.

Il problema dei giovani italiani non era *cambiare* lavoro, ma *trovare* lavoro. E se era vero che con i contratti a termine il posto si trovava più facilmente, era pur vero che il dramma scattava quando ci si rendeva conto che l'impiego «atipico» non era una forma di avvicinamento al lavoro vero: *era* il lavoro vero. Ben presto si è scoperto che la flessibilità non è un problema se dura due o tre anni, ma quando va oltre i cinque, i sei, a volte i sette-otto anni diventa «precarietà», una condizione di indefinitezza che crea disagio, che ti fa sentire dentro una trappola. Diventa lo stigma, il marchio che dimostra che non sei stato in grado di trovare un lavoro vero, una malattia dalla quale non si guarisce mai.

Un ragazzo può pure essere «flessibile» fra i 25 e i 28 anni, perché impara, si forma, fa esperienza. Il male non è nel fatto che ci sia per tutti una prima fase della vita lavorativa nella quale si è meno stabili e garantiti, il problema è la permanenza in quella condizione: né lavoratore né disoccupato, né giovane né adulto, né apocalittico né integrato.

Ma chi sono i lavoratori atipici? Bisognerebbe chiamarli «lavoratori parasubordinati», ma in genere sono dei «collaboratori»: collaboratori coordinati continuativi (co.co.co., figura introdotta dalla riforma Treu ma ridotta dalla Legge 30, meglio nota come Legge Biagi),[18] collaboratori a progetto (co.co.pro., figura introdotta dalla Legge 30) collaboratori occasionali, lavoratori autonomi occasionali, occasionali a progetto, collaboratori con partita Iva, collaboratori occasionali. Non lavorano, *collaborano*.

La Legge 30/2003 ha in sostanza moltiplicato le tipologie contrattuali che rientrano nella sfera del lavoro parasubordinato. Parliamo di alcune figure molto diffuse, come il lavoro a progetto (co.co.pro.), ma anche di alcune poco usate dalle stesse aziende, come il cosiddetto *job sharing*. In pratica la Legge 30 ha individuato le tipologie di lavoro flessibile ammissibili, definendone alcune nuove e integrando le regole di quelle vecchie. Per i suoi sostenitori più accesi la normativa nasce per offrire maggiori garanzie ai lavoratori precari, per i suoi detrattori più accesi nasce per garantire alle imprese lavoro a buon prezzo. È ipotizzabile che nasca per entrambi i motivi, ma il punto non è perché nasce: è interessante chiedersi piuttosto come funziona.

Pensiamo al co.co.pro. Secondo la ex maggioranza il Legislatore mirava a impedire a datori di lavoro poco corretti di mascherare dietro un contratto di collaborazione un vero e proprio rapporto di lavoro dipendente. Con il contratto a progetto (legato esclusivamente alla realizzazione di un progetto), si diceva, sarebbero state sanate le irregolarità, perché i datori sarebbero stati costretti ad assumere i dipendenti di cui intendevano servirsi con continuità.

Sostengono i critici che così non è andata, e che chi era un lavoratore dipendente mascherato da autonomo tale è rimasto, trasformandosi da co.co.co. in co.co.pro., o trovandosi costretto ad aprire una partita Iva.

Prendiamo i co.co.co.: secondo l'Istat la maggioranza di loro (circa il 90 per cento) lavora per una sola azienda, l'83 per cento lavora presso l'azienda committente e poco più del 60 per cento non sceglie l'orario di lavoro. Nel complesso, secondo l'Istat, il 54,9 per cento dei collaboratori eroga la prestazione per un solo committente, lavora presso la sua azienda ed è tenuto a seguire orari di lavoro fissi. Poco o nulla sembra differenziarli dai lavoratori subordinati, se non un mostruoso gap in tema di garanzie e tutele sociali.

E ancora. I collaboratori con partita Iva,[19] iscritti al Fondo Inps per i parasubordinati, hanno raggiunto quota 300.000, cresciuti del 10 per cento nel biennio 2003-2004. Si tratta di uomini e donne tra i 30 e i 40 anni, nella quasi totalità dei casi senza figli, in più della metà dei casi laureati, che svolgono professioni tecniche (informatici, web designer ecc.) o intellettuali (ricercatori, sociologi) di alto profilo, guadagnando quattro volte su dieci 1000 euro al mese. Il 74 per cento degli intervistati non ha aperto la partita Iva volontariamente, il 37 per cento lo ha fatto a causa del tipo di professione, il 38 per cento su precisa richiesta del committente, dopo l'introduzione della Legge 30.

Siamo davanti a giovani che svolgono un normale lavoro dipendente: il datore però li costringe ad aprire la partita Iva e li registra come professionisti che gli vendono un servizio. In questo modo li fa rientrare nelle fattispecie previste dalla legge.

Il mistero del precario

Non esiste un'anagrafe dei parasubordinati. Per sapere quanti precari ci sono in Italia bisogna procedere ad un'indagine degna di Sherlock Holmes, raccogliere gli indizi del loro passaggio sul posto di lavoro e ricostruire la loro vita, la loro identità, mettendo insieme le tessere del puzzle.

Secondo uno studio Nidil-Cgil, i lavoratori parasubordinati rappresentano complessivamente il 9,14 per cento degli occupati, e in 10 Regioni questa media viene largamente superata. Come si arriva a questa percentuale? In maniera piuttosto complessa.

Secondo il sindacato le cifre divulgate dal Comitato di Indirizzo e Vigilanza Inps dimostrano che nel 2004 i collaboratori attivi sono stati 2.069.929. Tra il 2003 e il 2004 i lavoratori attivi iscritti al Fondo Inps parasubordinati sono aumentati del 14,8 per cento.

Rispetto al 1996 (primo anno di gestione del fondo Inps parasubordinati) l'aumento dei lavoratori attivi è del 148,63 per cento: se al numero complessivo dei lavoratori attivi sottraiamo gli amministratori di condominio, di società e gli amministratori locali (420.073), la platea dei collaboratori puri risulta composta da 1.383.016 persone.

Anche escludendo i 186.300 collaboratori pensionati, i lavoratori parasubordinati puri nel 2003 risulterebbero essere comunque 1.196.716. L'Istat ha prodotto un rapporto aspramente criticato da molti, quantificando in circa 400.000 i lavoratori classificati come «collaboratori coordinati continuativi».

Come è facile comprendere, sui numeri del fenomeno si dividono i tecnici appartenenti a diverse scuole di pensiero: così la Nidil-Cgil presenta il mondo dei lavoratori atipici.[20]

I precari (in pianta stabile)

Alcuni dati sui lavoratori atipici in Italia

Associati in partecipazione	Sono circa 400.000. La maggior parte lavora senza partecipare in capitale, con orari e compiti rigidi che in realtà nascondono il lavoro subordinato. Sono particolarmente numerosi nei settori del franchising, della distribuzione, come ad esempio commessi e banconisti.
Co.co.co. e collaboratori a progetto	Nel 2004 erano 1.196.716 attivi su 3.611.324 iscritti all'Inps. Lavorano sia nel pubblico impiego che nel privato, in particolare sono operatori call center, impiegati, assistenti domiciliari, lavoratori dei beni culturali, ricercatori e personale universitario, operatori didattici ecc.
	Il 68 per cento ha tra i 30 e i 59 anni, il 21 per cento ha meno di 30 anni. Il 91 per cento ha un solo datore di lavoro da almeno 3 anni. Il 77 per cento lavora esclusivamente in azienda e l'80 per cento deve rispettare un preciso orario di lavoro.
Partite Iva senza albo	Nel 2004 erano circa 311.000. Sono molto presenti fra gli psicologi, gli assistenti sociali, i tecnici di laboratorio nel sistema sanitario o carcerario, gli impiegati della pubblica amministrazione, i restauratori e archeologi, i trasportatori, i fisioterapisti, gli addetti alla sicurezza nelle discoteche ecc...
	Il 65 per cento ha aperto la partita Iva costretto dal datore di lavoro. 2/3 sono laureati e il 40 per cetno guadagna meno di 1000 euro al mese. Solo il 30 per cento ha una retribuzione mensile regolare, il 39,4 per cento ha un solo datore di lavoro. Il 75 per cento lavora in azienda e il 78 per cento deve rispettare un orario di lavoro.
Collaboratori occasionali	Sono 106.000. Lavorano principalmente nelle rilevazioni statistiche, sondaggi, operatori di call center, insegnanti di musica, danza e lingue straniere, lavoratori dei quotidiani e delle televisioni ecc.

In realtà di questi «precari» si sa poco o nulla. Non si sa come classificarli, non si sa come contarli, non si sa dove andarli a trovare. Pensiamo solo alle telefonate degli istituti di ricerca: trovano il lavoratore precario sempre alla sua scrivania, ma per ognuno che sta al suo posto di lavoro c'è n'è almeno un altro a casa che aspetta il rinnovo del contratto, e che (ovviamente) non viene conteggiato dalle statistiche.

Chi è il precario: quello che in questo momento sta lavorando o quello che, a casa dei genitori, aspetta la chiamata del suo datore?

Se prendiamo i contratti a termine o quelli interinali siamo sotto la media europea di 10 punti percentuali circa, e secondo l'Istat (come abbiamo detto) i collaboratori sono tra le 300 le 400 migliaia; a loro vanno aggiunti altrettanti contratti formazione lavoro. Il vero problema però è fare il calcolo delle partite Iva di cui sopra, di quei professionisti che svolgono un lavoro, di fatto, alle dipendenze di qualcuno. I professionisti sono 5 milioni, ma è difficile sapere quanti di loro siano dei subordinati mascherati.

A dire la verità non è neanche importantissimo sapere quanto sia il monte complessivo di precari; il vero dramma è il fatto che questo genere di lavoro è l'unico che venga offerto a un giovane che si affacci sul mondo del lavoro, e che per tanto, troppo tempo (a volte anche per sempre) rimane l'unico tipo di lavoro che lui possa conoscere. Tra i giovani che hanno la fortuna di entrare nel mercato del lavoro, il 60-70 per cento ha contratti non standard, intendendo per standard anche i lavori che una volta avrebbero comunque lasciato insoddisfatti: tempo determinato, part time ecc.

Presente e futuro

Quanto guadagna un precario? Anche stavolta dobbiamo arrivarci indirettamente. Se prendiamo il numero dei lavoratori attivi e consideriamo quanti contributi sono stati versati al

Fondo Inps parasubordinati, arriviamo a stabilire che nel 2004 il compenso medio di un atipico è stato di circa 11.000 euro lordi annui. Attenzione però. Dal momento che non è previsto un minimo contrattuale, ogni volta che si innalza l'aliquota contributiva diminuiscono i compensi. In pratica, la maggior parte delle imprese ed enti preleva dal compenso del collaboratore o l'intero aumento dei costi previdenziali o, nella migliore delle ipotesi, una parte consistente di esso. E attenzione. Non stiamo parlando di ragazzini. Secondo la Nidil il 68 per cento dei collaboratori ha un'età compresa fra i 30 e i 59 anni. Soltanto il 21 per cento ha un'età inferiore ai 30 anni.

Se non si sa quanti sono, non si sa quanto guadagnano, non si sa quanto lavorano e quanto lavoreranno, è ovviamente difficile dire quanto prenderanno di pensione. È possibile solo fare delle proiezioni azzardate, dal momento che nel farle si presume una continuità contributiva che il lavoratore atipico non può assicurare. Chi gli dice cosa farà il mese prossimo? Chi gli assicura che guadagnerà quanto il mese passato?

Il quotidiano "Italia oggi" ha realizzato una simulazione su tre «tipi» di lavoratori:

1. lavoratore a progetto iscritto alla gestione separata Inps;
2. free lance iscritto all'Inpgi;
3. dipendente/operaio.

Partono da uno stesso stipendio mensile di 1074 euro. Dopo 35 anni di contributi il lavoratore a progetto può sperare in una pensione pari a un terzo del suo stipendio, mentre il lavoratore dipendente ha assicurata una pensione pari almeno alla metà del suo stipendio. Chi se la passa peggio è il free lance: lui non può accedere alla pensione prima dei 65 anni, perché l'assegno maturato è talmente esiguo da non superare la soglia minima fissata per il diritto di accesso.

Dopo 40 anni di contributi il lavoratore a progetto può sperare in una pensione superiore a un terzo, ma inferiore alla metà dello stipendio. Il lavoratore dipendente nella peggiore delle ipotesi ha assicurata una pensione di poco inferiore al 60 per cento dello stipendio. Sempre peggio il free lance, non è possibile neanche in questo caso accedere alla pensione prima dei 65 anni...

Altri calcoli possono portarci a dire che se consideriamo un reddito di 10.880 euro lordi annui (quello definito come valore medio dalla Nidil), e ipotizzando una persona particolarmente fortunata che quindi riesca a lavorare sempre, potremmo stimare (a seconda del sistema di computo che si adotta) una pensione futura tra i 410 e i 677 euro. Uno scarto di quasi il 50 per cento: come si fa a fare dei progetti di vita in questo modo?

La battaglia del Tfr

Il Trattamento di fine rapporto altro non è che la liquidazione. Sono soldi del dipendente che il datore di lavoro accantona e poi restituisce quando cessa il rapporto di lavoro. Nella pratica, il Tfr costituisce una fonte di finanziamento delle imprese a basso costo: mi tengo i tuoi soldi, ci finanzio l'azienda, te li rendo quando te ne vai. Messi tutti insieme i soldi accantonati sono una vera e propria montagna di denaro: circa 13 miliardi di euro l'anno.

Questo denaro è di fatto «congelato» nelle mani delle aziende. Trasferirlo in fondi di investimento che operassero in Borsa potrebbe voler dire tante cose: dare ossigeno all'economia italiana immettendo sul mercato nuove e importanti risorse di cui potrebbero godere le nostre imprese, ma soprattutto vorrebbe dire trasformare il denaro dei lavoratori (oggi immobile nelle casse delle aziende) in una rendita sicura che sosterrà il loro futuro.

Come abbiamo detto, infatti, i pensionati di domani disporranno di trattamenti molto ridotti rispetto a quelli di cui godono i pensionati attuali. Per evitare di fare la fame in futuro, chi lavora oggi (soprattutto chi *inizia* a lavorare oggi) farebbe bene a mettere via da subito qualcosa, in modo da aiutarsi domani con una rendita che integri il trattamento pubblico. Il resto del mondo ha già sperimentato l'esperienza dei fondi pensione, panieri che raccolgono i risparmi dei lavoratori, li investono e assicurano una rendita per il domani.

I fondi pensione, nei mercati che funzionano, sono strumento di democrazia economica: investono nelle società quotate con ottica di lungo periodo, sono la linfa vitale dei mercati e pretendono dal management delle società in cui investono un ritorno adeguato. In Italia, spezzerebbero il circolo vizioso che lega banche creditrici/azioniste e imprese debitrici/controllate, darebbero pensioni scelte dai pensionati e non imposte loro, contribuirebbero al riequilibrio del sistema pubblico.

La riforma del Tfr è quindi opportuna (scelgo io dove vanno i miei soldi), fa nascere investitori istituzionali veri (i fondi appunto), e per certi versi è una necessità di fronte all'invecchiamento della popolazione (i conti dell'Inps non sembrano poter assicurare una tenuta di lungo periodo).

Ma da dove li tirano fuori i soldi da mettere da parte i pensionati di domani? Se lo stipendio non è sufficiente ad arrivare alla fine del mese, da dove può uscire il risparmio aggiuntivo con cui costruirsi il futuro? L'unica vera fonte di finanziamento possibile, per lanciare i cosiddetti fondi pensione, è proprio il Tfr: denaro del lavoratore, ma che il lavoratore ha interesse a non spendere mese per mese, in modo da garantirsi una buonuscita futura.

L'affare del secolo

Investire 13 miliardi l'anno: siamo davanti all'affare del secolo. Un affare da cui sembrano poter guadagnare tutti: chi versa il denaro, chi lo investe, chi vede piovere liquidi sulla propria impresa, ma in generale il Paese intero, perché un'economia più ricca di risorse è potenzialmente un vantaggio per tutti.

Per far partire i fondi pensione era però necessaria una normativa che garantisca tutte le parti in causa, normativa che è stata varata dal governo Berlusconi nella passata legislatura. La vera impresa, in quell'occasione, si è dimostrata quella di mediare tra i tanti interessi in gioco: quelli dei lavoratori che devono rinunciare al loro Tfr per avere nel futuro una integrazione alle magre pensioni pubbliche; quelli delle imprese, soprattutto piccole e medie, che non potranno più contare su una fonte di finanziamento a basso costo; ma soprattutto quelli di chi quei 13 miliardi di euro l'anno intende gestirli. Tanti attori, portatori di interessi diversi e spesso contrapposti: sindacati, assicurazioni, banche, aziende.

La gestione di questa montagna di denaro sarà di tre tipi: fondi chiusi, fondi aperti e polizze assicurative individuali. I fondi pensione «chiusi o negoziali» sono quelli istituiti per singola azienda o per gruppi di aziende (fondi aziendali o di gruppo), per categorie di lavoratori o comparto di riferimento (fondi di categoria o comparto) o anche per raggruppamenti territoriali (fondi territoriali). Esisterà ad esempio il fondo dei chimici, o quello dei metalmeccanici.

Questi investitori sono costituiti attraverso un contratto collettivo nazionale, un accordo o un regolamento aziendale, oppure tramite un accordo tra lavoratori promosso da sindacati o associazioni rappresentative di categoria. I versamenti dei contributi sono gestiti attraverso società di gestione del risparmio, compagnie di assicurazione, banche e Sim (Società di intermediazione mobiliare).

I fondi «aperti» sono invece istituiti e gestiti direttamente da banche, società di assicurazioni, società di gestione del risparmio, società di intermediazione mobiliare.

Infine, i contratti di assicurazione sulla vita con finalità pensionistica (Pip) possono essere stipulati individualmente con le compagnie di assicurazione.

Assicurazioni, banche, sindacati e imprese si sono aspramente confrontate mentre il governo della Cdl cercava una mediazione. Si succedevano prese di posizioni, minacce, smentite, liti, e rinvii: ad appesantire la vicenda il conflitto di interessi del presidente del Consiglio di allora, proprietario di un'importante assicurazione. Risultato: l'esecutivo ha varato la riforma, ma ne ha rinviato di due anni l'entrata in vigore.

La riforma

Entro il 1° gennaio 2008 (ma per le piccole e medie imprese la riforma scatterà dal 1° gennaio 2009) il lavoratore dovrà decidere se conferire il proprio Tfr a un fondo pensione o incassare la liquidazione al momento di lasciare il posto. Se opterà per questa seconda possibilità, dovrà comunicare espressamente la scelta al proprio datore di lavoro. Se non gli dirà nulla, il Tfr verrà automaticamente trasferito alla previdenza integrativa (tranne la liquidazione già accumulata, che conserverà il regime attuale). Il lavoratore che sceglie i fondi negoziali potrà contare anche su un contributo del datore di lavoro che si aggira intorno all'1 per cento del Tfr, mentre tale contributo verrà meno nel caso in cui il lavoratore scegliesse le polizze assicurative.

Domandiamoci adesso: se si arriva ad una mediazione che è costata fatica e liti interne alla maggioranza, se dopo un lungo periodo di scontri e tensioni tra i partiti della maggioranza e tra governo e lobby alla fine si riesce a sciogliere un nodo che aveva anche pesantemente imbarazzato il presidente del Consiglio proprietario di un'assicurazione che alla gestione dei Tfr era più che interessato... Se si riesce finalmente a raggiungere un'intesa, perché rinviare l'entrata in vigore della riforma di due anni? Perché non raccogliere da subito il frutto di questo complesso lavoro di mediazione? Difficile dare una risposta. Formalmente non lo si è fatto per mettere la nuova normativa in grado di partire con l'entrata in vigore di un'altra riforma, quella delle pensioni, ma il discorso non regge, dal momento che proprio chi verrà interessato dalla riforma pensionistica ad avere la massima urgenza di costruirsi una previdenza integrativa. I maligni affermano che l'entrata in vigore è stata rimandata per concedere alle assicurazioni (leggermente sfavorite dalla stesura finale della legge) due anni in cui colmare il gap che avvantaggia i fondi chiusi, dando il via ad una potente campagna pubblicitaria e di informazione che conquisti da subito la maggiore quota di mercato. Consideriamo che i fondi chiusi dovranno partire da zero, dovranno essere nella maggior parte dei casi creati dal nulla, mentre le assicurazioni e le banche potranno disporre da subito di tutto il know how necessario ad accaparrarsi parte del mercato.

Non è comunque questa la sede in cui stabilire quale lobby abbia vinto una partita che peraltro è tutt'altro che chiusa, dal momento che, a oggi, mancano due anni all'effettivo avvio della riforma. Difficile comprendere cosa possa avere spinto l'esecutivo a rimandare l'entrata in vigore del pacchetto Tfr, mentre è molto facile capire quali interessi sono stati feriti dalla decisione del governo. Cosa succede se una riforma varata nel 2005 parte solo nel 2008? Succede che chi aveva bisogno di nuove regole per costruirsi il futuro perde due anni. Un sistema che (teoricamente) viene tirato su d'emergenza per evitare che i giovani lavoratori si trovino ad affrontare un futuro di fame, si permette il lusso di buttare via 26 miliardi di euro. Scrive l'economista Marcello Messori: «Le vittime del "patto scellerato" fra il presidente del Consiglio e il ministro del Lavoro diventeranno così, inutile sottolinearlo, i lavoratori giovani perché maggiormente coinvolti nelle passate riforme del pilastro previdenziale pubblico e perché condannati a decidere, per altri due o tre anni, in un quadro di incertezza o di informazione parziale. Sotto il profilo economico, questi due fattori rappresentano un potente disincentivo all'adesione spontanea dei lavoratori – specie se giovani. Tale situazione offre terreno di caccia ideale agli operatori più aggressivi e spregiudicati, come hanno finora mostrato di essere i canali distributivi dei prodotti previdenziali assicurativi».[21]

In generale altri due anni di incertezza comprometteranno probabilmente il funzionamento dei fondi pensione: chi lavora da tempo non se ne fida e preferisce avere in mano la liquidazione; chi lavora da poco non ha ben chiaro cosa rischia in futuro. I giovani non si preoccupano della propria pensione; tendono a sovrastimare il reddito che avranno a fine vita lavorativa, sia che lavorino con contratti standard, sia che lavorino con contratti atipici.

Secondo uno studio compiuto dalla Fondazione Rodolfo Debenedetti nel 2004, più del 50 per cento dei lavoratori dipendenti in Italia non sa quanta parte del proprio salario finisca all'Inps come contributo previdenziale; il 15 per cento si stupisce quando scopre l'entità del prelievo, in precedenza abbondantemente sottostimata; il 50 per cento dei lavoratori è convinto che all'Inps esista una sorta di conto corrente personale dal quale potrà attingere risorse una volta in pensione, ma soprattutto i giovani coinvolti dalle riforme Dini, Amato e Prodi sovrastimano abbondantemente le loro pensioni future, e sono convinti che, una volta lasciato il lavoro, avranno diritto al 10-20 per cento in più del loro attuale salario. L'economista Tito Boeri in un articolo del luglio 2005 su "lavoce.info" si dice convinto che si tratti di disinformazione voluta: «Questa estesa disinformazione si spiega col fatto che i governi che si sono succeduti in questi anni non hanno fatto nulla per assicurare una migliore informazione ai propri cittadini. Probabilmente perché temevano che gli elettori li avrebbero puniti una volta compreso di quanto le loro pensioni erano state ridotte. Oppure perché hanno pensato – è questa l'interpretazione più benevola – che una corretta informazione sui trasferimenti operati dalla previdenza (il fatto che i contributi servono a pagare le pensioni di altri) avrebbe corrotto il patto intergenerazionale implicitamente posto in essere dalle pensioni pubbliche. [...]

«Questo silenzio consapevole, meglio colpevole, dei governi ha costi elevati. Costa agli attuali contribuenti perché induce un comportamento passivo, inerziale: l'85 per cento dei lavoratori sostiene di non avere incrementato i propri piani di risparmio dopo riforme che hanno ridotto le loro pensioni future. Potranno avere brutte sorprese quando si ritireranno dalla vita attiva. Induce inerzia anche nell'azione dei governi perché l'opposizione alle riforme che sarebbero necessarie per accelerare la transizione a un sistema pensionistico sostenibile (e non più solo pubblico) si nutre proprio di disinformazione. Chi è più informato è maggiormente favorevole a innalzare l'età di pensionamento o a ridurre le prestazioni. Insomma, la disinformazione serve solo ai governi che vogliono lasciare tutto com'è, a dispetto delle generazioni più giovani e di quelle future».

Il Paese si sta giocando il futuro perché chi di quel futuro sarà protagonista non ha le informazioni o i mezzi adeguati a prepararlo. Secondo il rapporto Censis 2003, il 71 per cento di un campione di atipici fino a 29 anni non fa nulla per garantirsi una pensione, o perché non dispone di tempo e soldi necessari oppure perché rinvia ogni decisione a quando ne saprà di più.

La morale? Tra le esigenze delle lobby che guadagneranno (legittimamente, sia chiaro) sulle necessità dei giovani precari e gli interessi dei precari stessi, sembra proprio si siano scelte le prime. L'unico intervento varato per offrire un sostegno ai cosiddetti «atipici» è stato disegnato in modo da danneggiare (nell'immediato) molti di loro.

Il precedente inglese

Abbiamo detto che da questo affare possono guadagnarci in tanti; dobbiamo aggiungere che possono perderci qualcosa solo i lavoratori. Qualche decennio fa in Gran Bretagna, il governo Thatcher promosse una campagna di vendita di prodotti previdenziali individuali assai simili ai nostri Pip, sottoscritti tra l'aprile del 1988 e il giugno del 1994 da due milioni di cittadini britannici.

I lavoratori che avevano depositato i loro soldi nei fondi gestiti dalle aziende ebbero la possibilità di trasferire le loro posizioni previdenziali in conti individuali gestiti da banche, assicurazioni, finanziarie eccetera. Racconta "lavoce.info": «Per avere un'idea della dimensione del fenomeno, si consideri che nel 1986 erano state emesse polizze previdenziali per un importo complessivo di premi incassati pari a 2 miliardi di sterline; nel 1989, a un anno dall'avvio della campagna pubblicitaria governativa, tale importo raggiunse i 5 miliardi, per arrivare a 10 miliardi nel 1992. Tra il 1989 e il 1992, i premi incassati per tali prodotti rappresentarono circa il 40 per cento della nuova produzione delle imprese di assicurazione, per poi ridiscendere al 30 per cento nel 1994».[22]

Eccoci al punto. Se lo Stato decide di impegnarsi positivamente perché il denaro dei lavoratori, dal sicuro porto delle casse aziendali, passi a veleggiare per i tormentati mari dei mercati finanziari, deve assicurarsi che esistano (e funzionino) regole che impediscano ai pirati di fare bottino e che evitino a capitani troppo coraggiosi di rivelarsi poco affidabili. Lo Stato, insomma, deve garantire gli investitori con una legge di tutela del risparmio forte e valida. Altrimenti? Altrimenti succederà quello che successe in Gran Bretagna, dove le autorità di controllo decisero di monitorare seriamente le attività di vendita, spinte anche dal crescente numero di reclami sporti dai sottoscrittori.

Le indagini evidenziarono che la gran parte della clientela non era stata messa nelle condizioni di operare una scelta consapevole sulla convenienza dei prodotti offerti. Ai sottoscrittori non erano state fornite le informazioni sufficienti (o sufficientemente chiare) per comparare le condizioni del nuovo contratto rispetto agli schemi previdenziali cui aderivano in precedenza. Spiega Esilio Donato: «Nella maggior parte dei casi non era stata illustrata la differenza tra un prodotto a capitalizzazione, esposto al rischio di mercato, e uno schema pensionistico protetto, vuoi dalla garanzia dello Stato, vuoi da quella dell'azienda sponsor nel caso dei piani a prestazione definita. Né erano state date informazioni adeguate sulla eventuale perdita di importanti benefici previsti nei piani pensionistici cui il lavoratore precedentemente aderiva, quali, ad esempio, la reversibilità al coniuge superstite, le contribuzioni datoriali, le coperture per invalidità e premorienza, l'indicizzazione delle prestazioni. Un'ulteriore violazione delle regole fu riscontrata nell'informazione sui costi dei piani individuali in rapporto a quelli ad adesione collettiva».[23]

Nel 1993, il Securities and Investment Board decise di avviare un'indagine conoscitiva sulle prassi operative seguite dalle compagnie assicurative, focalizzando il proprio lavoro in un primo momento sul coinvolgimento dei lavoratori più anziani, ma estendendolo successivamente a tutti quelli che avevano sottoscritto una polizza previdenziale. A indagine conclusa è stato imposto alle compagnie di assicurazione un risarcimento di 11,5 miliardi di sterline, dovuti a quasi due milioni di risparmiatori.

Da noi potrebbe succedere qualcosa del genere? Gli illeciti probabilmente sì, le sanzioni forse no. Le assicurazioni, le banche, hanno tutto il diritto di prendere parte e competere nella gara per la gestione del nostro Tfr, ma lo Stato deve garantire che questi sofisticati investitori possano sollecitare il risparmio di piccoli risparmiatori (tutt'altro che avveduti) in condizioni di trasparenza. Il rischio che si corre nell'investire non dev'essere solo pubblicizzato, dev'essere anche compreso e valutato appieno da chi lo sottoscrive. I costi della gestione non possono essere pubblicati in una nota a pagina 600 di un prospetto di 1000 pagine. Non si può aprire la caccia senza regole chiare, altrimenti si rischia il tragico incidente.

Vai avanti tu...

Il vero problema di chi ha un lavoro atipico è che vive in un altro mondo. Nel Paese in cui i tassisti non mollano un centimetro di mercato, nel Paese in cui a un imprenditore per diventare ricco basta stampare bigliettini da distribuire all'ingresso delle autostrade, il lavoratore atipico è costretto a inventarsi la vita in un ipotetico mercato perfetto.

Lui sarebbe pronto, dopo la sua esperienza lavorativa di qualche mese, a giocarsi la propria professionalità sul mercato, solo che il mercato non c'è. Lui è pronto a mollare il precedente datore di lavoro e proporsi al secondo per strappare un aumento, ma in realtà se perde il primo impiego è rovinato: non ne trova un secondo, e se lo trova è più probabile che la paga sia più bassa piuttosto che più alta. Lui è pronto a lanciarsi in una vita spericolata, accollandosi un mutuo in una banca anche se non è certo di avere uno stipendio tra qualche mese, ma se si presenta allo sportello dell'istituto di credito gli scoppiano a ridere in faccia. La storia del lavoro atipico è la classica storia del «vai avanti tu che mi viene da ridere»: tu inizia a lavorare, poi troveremo un modo di darti la pensione. Tu lavora, poi per farti mettere su casa qualcosa ci inventiamo.

La guerra finta

I giovani italiani, un po' perché costretti, un po' perché per mille ragioni portati a sperimentare nuove forme di attività lavorativa, si sono mostrati disposti ad assumersi quote di rischio che non sono state compensate da ammortizzatori sociali, da forme di previdenza, da seppur minime garanzie. Ma chi li ha accompagnati in mezzo al bosco, li ha abbandonati nella palude e se l'è svignata.

Come abbiamo detto, il concetto di flessibilità dovrebbe essere vissuto come un'opportunità, non come una condanna, ma in Italia è risultato indigesto perché è stato perseguito con determinazione solo dal lato dei licenziamenti (vedi battaglia sull'articolo 18). *Hire and fire*, dicono gli americani, «assumi e licenzia»; qui ci limitiamo a licenziare. La flessibilità (garantita dalla possibilità di trovare sempre un altro impiego) dovrebbe rappresentare la forza di un lavoratore: «Mi cacci?» dovrebbe poter dire al suo datore. «Non c'è problema, trovo subito un altro posto.» In Italia la flessibilità è la sua debolezza e lo rende ricattabile.

Eppure i contratti a termine hanno dato lavoro al 9,6 per cento delle famiglie italiane nel 2004, e per il 3,6 per cento sono stati l'unica forma di sostentamento: eliminarla vorrebbe dire condannare alla miseria queste famiglie. L'impiego sicuro per tutti è purtroppo un modello utopico: oggi come oggi esiste lavoro sicuro per pochi e lavoro meno sicuro per molti.

È difficile attribuire alla Legge 30 la responsabilità di aver aumentato la precarietà: le nuove tipologie identificate dalla normativa in realtà sono poco utilizzate dalle aziende.

L'instabilità dipende ancora da contratti part time, partite Iva, co.co.pro. ex co.co.co., e queste tipologie (fatte salve determinate differenze lessicali) c'erano già quando la legge fu approvata.

In realtà ci sono figure come il *job sharing* e il *job on call* che non sono state nemmeno prese in considerazione dalle imprese; i contratti di apprendistato e di inserimento sono stati poco utilizzati, alcuni istituti (come ad esempio i cosiddetti «appalti») non sono cambiati; si è fatto poco ricorso al «distacco», o al lavoro occasionale e accessorio, così come all'associazione in partecipazione; la certificazione non è stata utilizzata. Scrive la rivista "DL on line":[24] «L'unico istituto ampiamente sfruttato è stato il contratto a progetto, ma si è trattato di una semplice opera di cosmesi giuridica, che ha semplicemente portato alla trasformazione dei contratti di co.co.co. in contratti a progetto. [...] La flessibilità che stava tanto a cuore alle imprese è stata realizzata con altri strumenti: ricorso massiccio ai contratti a termine, esternalizzazioni e uso disinvolto dei contratti a progetto. [...] I contratti a progetto hanno di fatto semplicemente sostituito le vecchie co.co.co., pur nelle maggiori e comprensibili difficoltà di individuare un Progetto o un Programma credibile e sostenibile in giudizio».

Da questo punto di vista la Legge 30 è stata, più che un danno, una perdita di tempo. La realtà è che non serviva se non a offrire quelle maggiori garanzie che in realtà non ha dato. Il problema del mercato del lavoro non era trovare modi per assumere giovani in flessibilità: quello era un problema che il mercato aveva già risolto da solo, sulla pelle dei giovani stessi. Il problema era, allora come oggi, offrire tutela a chi è costretto a (o sceglie di) lavorare senza legarsi definitivamente a un datore di lavoro.

Il problema della società era un problema diverso da quello che la politica ha deciso di affrontare. I «carri armati» delle forze politiche italiane si sono schierati ai due lati di una frontiera fittizia: in difesa o in attacco della Legge Biagi.

È un po' come lottare pro o contro l'idea della precarietà, chiedersi se la precarietà sia giusta o non lo sia, dimenticandosi che intanto la precarietà c'è, e che per molti è un'importante forma di sostentamento. Mentre fioccano i convegni sul *job on call* o sul *job sharing* centinaia di migliaia di giovani (e non più giovani) non riescono a farsi dare una casa in affitto perché non offrono le garanzie richieste. Non riescono a pensare al loro futuro, che però si dà il caso sia il futuro del Paese. Quella sulla Legge Biagi è una battaglia simbolica, un dibattito ingigantito da motivi ideologici. La Legge 30 è un fallimento, perché si è premurata di dare nuovi nomi a situazioni già in essere; sarebbe un fallimento anche una nuova legge che si limitasse a vietare le situazioni in essere, perché difficilmente una norma riuscirebbe a riportare il mercato del lavoro al periodo antecedente al pacchetto Treu.

Il problema è assicurare il passaggio dalla precarietà alla stabilità, sia questa flessibile o no. Il problema è dare l'opportunità a tutti di costruirsi una vita soddisfacente, anche se si è scelto di (o si è stati costretti ad) accettare un lavoro a tempo. Ma scontrarsi sui princìpi è più semplice che affrontare i problemi. Volete un altro esempio? Pensate alla famiglia.

4
Le volontarie

La famiglia delle donne

La famiglia oggi in Italia è omosessuale: è omosessuale perché si regge tutta sulle spalle delle donne. In assenza di una efficace rete di assistenza, è a carico delle madri che si organizzano i tempi della vita familiare, e sono le madri che devono sacrificare se stesse alla cura del nucleo, ristrutturando la propria vita, ridimensionando le aspirazioni sociali, professionali, financo affettive.

Secondo il Cnel il 23 per cento degli uomini italiani non dedica nemmeno 10 minuti al giorno al lavoro familiare, mentre dopo la fabbrica o l'ufficio le lavoratrici hanno in media soltanto 2 ore e 28 minuti di tempo libero per se stesse, contro le oltre 5 ore dedicate alla famiglia. Le più «fortunate» sono le madri single: dedicano al lavoro familiare «solo» 5 ore e 7 minuti al giorno, contro le 6 ore e 25 delle donne sposate. Negli ultimi dieci anni, le occupate hanno aumentato di 28 minuti al giorno il tempo dedicato alla cura dei bambini, a scapito di quello destinato al lavoro domestico.

Se la famiglia si trasforma (ad esempio per la nascita di

un figlio, o per la necessità di occuparsi di un parente) poco o nulla cambia per l'uomo, i cui tempi di lavoro, i cui impegni spesso rimangono gli stessi. I ritmi e i tempi della donna, invece, inevitabilmente si modificano.

Chi aiuta mamma?

Per mantenere un figlio nei primi tre anni di vita una famiglia spende in media 612 euro al mese. Per un bambino di cinque anni i costi aumentano di 438 euro al mese. Con la nascita del primo figlio il reddito della famiglia può avere una variazione del 30 per cento. Due fratelli, uno di nove anni e uno di quindici (entrambi in età scolare) costano 1360 euro al mese, comprese le spese della scuola, del trasporto e di abbigliamento. Tra le spese dirette l'alimentazione è quella che pesa di più, tra le indirette la più importante è la casa, che si presume debba essere più grande per ospitare il nuovo membro.

Per le famiglie che non possono contare su una rete parentale di sostegno, l'aiuto dello Stato è basilare: una donna che, per accudire i figli, rinuncia a lavorare dimezza le risorse su cui potrebbe contare la propria famiglia.

Esistono due tipi di «aiuto» per le madri: quello formale (ad esempio gli asili nido) e quello informale (ad esempio quello offerto dai nonni). Ci spiega il Cnel che «I carichi familiari gravano ancora quasi interamente sulle donne. Le reti di aiuto formale sono insufficienti (solo un bambino su cinque frequenta l'asilo nido e di questi il 43 per cento è costretto a rivolgersi a strutture private), mentre è ancora prevalente quella informale, affidata ai legami di parentela e alla cosiddetta solidarietà intergenerazionale». I nonni, appunto.

Asili nido pubblici ce ne sono pochi, per cui ne nascono di privati: l'offerta complessiva risulta comunque insufficiente, e i costi sono troppo alti. Il costo medio (tra chi non paga niente e chi paga il massimo, 400 euro) per un asilo pubblico è di 250 euro al mese. Un asilo nido privato costa tra i 300 e 500 euro.

Secondo quanto risulta da una ricerca dell'Ires, solo il 6 per cento della popolazione tra gli zero e i sei anni frequenta gli asili nido, e la media scende al 2,1 per cento nel Sud d'Italia. Dal 2000 a oggi gli asili nido pubblici sono aumentati del 43,4 per cento, quando la crescita negli anni dal 1992 al 2000 era stata del 38,2 per cento. La potenzialità ricettiva del solo sistema pubblico è oggi di 150.880 posti contro i 118.517 del 2000, eppure su dieci domande presentate, quattro vengono respinte per mancanza di posti.

Secondo l'Ires: «In Italia abbiamo la spesa per asili nido più bassa d'Europa, all'interno di una spesa complessiva per il welfare più bassa del 2 per cento rispetto alla media Ue». In mezzo a tanti strumenti che hanno finito per sommarsi senza alcuna logica, o in mezzo a tanti provvedimenti una tantum che sono apparsi e scomparsi nel giro di una Finanziaria, l'unico vero supporto pubblico rimane il Fondo per le Politiche Sociali che, sebbene martoriato dalle ultime finanziarie, permette alle Regioni (e quindi ai Comuni) di erogare fondi per i servizi necessari: ne traggono giovamento gli anziani, i disabili, o le giovani coppie che vengono aiutate con i contributi per l'affitto o con l'apertura di asili nido.

I Comuni investono poco sulle strutture per l'infanzia; solo il 10 per cento delle risorse del fondo sociale è destinato alla costruzione di asili nido, con molte differenze tra il Nord e il Sud. L'esperienza ha insegnato che quando ci sono tagli da fare, i primi servizi a saltare sono gli asili nido, gli psicologi che operano nelle scuole a sostegno dei disabili e dei portatori di handicap, le mense scolastiche.

Il tempo e il denaro

Il gap tra domanda di aiuto e offerta pubblica viene colmato dagli asili nido privati – che hanno nel complesso il doppio dei posti disponibili – e, naturalmente, dai nonni (per chi li ha). Chi ricorre all'aiuto dei parenti, però, ha maggiori difficoltà a conciliare famiglia e lavoro, visto che i congiunti hanno una loro vita, non sono sempre disponibili, e qualche volta hanno da fare proprio quando servono a te.

Sempre il Cnel ci dice che ha difficoltà a conciliare lavoro e famiglia il 31,8 per cento delle madri che lasciano i bambini ai nonni contro il 38,7 per cento di chi ricorre agli asili nido e il 43,6 per cento di chi li affida a una baby sitter.[25]

Difficoltà nel conciliare famiglia e lavoro (valori percentuali)

Ci sono aspetti del suo lavoro che le rendono difficile conciliare famiglia e lavoro?

Sì	35,7
No	64,2
Rifiuta	0,1
Totale	**100,0**

Quali aspetti le causano difficoltà?

Lavoro a turni, pomeridiano o serale, durante il fine settimana	26,8
Rigidità dell'orario di lavoro	44,4
Periodi di ferie troppo brevi o impossibilità di sceglierli	1,2
Frequenti trasferte in altre città	2,0
Difficoltà nel raggiungere il posto di lavoro	5,8

Lavoro troppo faticoso	6,3
Lavoro troppo coinvolgente, è difficile fare uno stacco	4,4
Altro	4,9
Rifiuta	4,2
Totale	**100,0**

Madri che hanno usufruito di un periodo di astensione facoltativa dal lavoro per ripartizione geografica di residenza (valori percentuali)

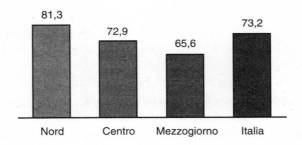

Modalità prevalente di affidamento dei bambini per le madri che lavorano (composizioni percentuali)

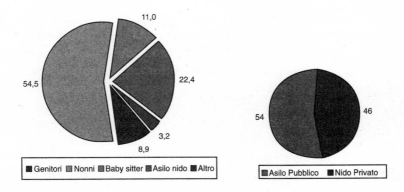

Donne e lavoro

Secondo un rapporto dell'Isfol, il 13,5 per cento delle donne lascia l'impiego dopo la nascita del primo figlio, mentre «la maggior parte di coloro che riescono a continuare a lavorare, possono farlo solo perché ad accudire i bambini ci penseranno genitori e parenti. I servizi pubblici, del resto, soddisfano solo il 15 per cento delle madri lavoratrici». In base ai dati Istat, la riduzione del numero di persone in cerca di occupazione registrata nel 2004 (-4,3 per cento) dipende infatti proprio da una «minore partecipazione al mercato del lavoro da parte delle donne e dei giovani, in particolare nelle Regioni meridionali». Nel Mezzogiorno lavorano fuori casa solo tre donne su dieci tra i 15 e i 64 anni, quasi la metà che nel Nordest (57,1 per cento): se manca una rete di sostegno, infatti, il peso del nucleo pesa tutto sulle spalle femminili, soprattutto al Sud.

Le donne che scelgono di lavorare in Italia restano così ancora poche rispetto alla media europea: 45,4 per cento nella fascia tra i 15 e i 64 anni, esattamente dieci punti in meno rispetto alla media Ue a 15, dove lavora il 56,8 per cento delle donne e dell'Ue a 25, dove la percentuale è del 55,7.

Non aiutare la famiglia, oggi, in Italia, vuol dire condannare le donne a scegliere tra un figlio e lo sviluppo pieno delle proprie potenzialità professionali, e questo è un danno non solo per le cittadine, ma anche per la società che non può avvalersi del loro contributo.

Le donne invece studiano più degli uomini e ottengono, nei loro studi, risultati più apprezzabili di quelli raggiunti dall'altro sesso. Secondo il Censis il 12,1 per cento delle donne tra i 25 e i 64 anni è in possesso della laurea, contro l'11,1 per cento degli uomini. La quota di donne laureate si attesta al 17,4 per cento contro il 12,2 per cento degli uomini. Decisamente migliori anche le performance universitarie: il 20,4 per cento delle ragazze si laurea in corso, contro il 16,7 per cento dei ragazzi.

La famiglia è un vero e proprio filtro che espelle le donne dal mercato: fino a quando uomini e donne sono single hanno la stessa partecipazione al mondo del lavoro (l'83 per cento); quella delle donne sposate scende al 71 per cento. Con il primo figlio o eventualmente con il secondo una donna su due getta la spugna.

Le poche che resistono nel mondo del lavoro si trovano poi a doversi organizzare diversamente dai colleghi uomini, ad esempio accettando di lavorare con orari ridotti rispetto a loro. I lavoratori occupati part time sono appena il 4,8 per cento, in calo rispetto al 5,2 per cento del 2003 e al 6,1 per cento del 2002. La tendenza è invece opposta per le lavoratrici. La percentuale è andata aumentando negli anni, arrivando fino al 25 per cento del 2004: una donna su quattro sceglie il part time, probabilmente in modo da coniugare al meglio le esigenze di famiglia e ufficio. Il fatto di per sé non sarebbe negativo, dal momento che nessuno può giurare che sul lavoro renda di più un impiegato che si chiuda otto ore in una stanza (passandone magari sei a leggere fumetti) rispetto a uno che risolva brillantemente tutti i problemi in metà del tempo. Il punto è che la lavoratrice che sceglie il part time viene vissuta dall'ambiente come una che non ha più nulla da dare sul lavoro, una che ha scelto la famiglia e punta solo a incassare lo stipendio. Un sondaggio effettuato su 1000 imprenditrici italiane[26] fa il punto della situazione sui pregiudizi che le donne devono ancora affrontare in ufficio: 7 donne su 10 sull'ambiente di lavoro si sono sentite dire che «dovrebbero occuparsi della casa e dei bambini e lasciare che siano gli uomini a lavorare e guadagnare»; l'87,7 per cento delle intervistate ritiene che gli uomini occupino posizioni più importanti delle donne perché su queste ultime grava quasi per intero il lavoro familiare; il 64,7 per cento del campione è convinto che sarebbe stato più facile fare carriera se fosse stata uomo.

La guerra finta

Adesso poniamoci il problema: può non preoccuparsi del futuro dei giovani una politica che passa gran parte del suo tempo a discettare della giustezza della famiglia tradizionale rispetto a quella di fatto, o dei rischi legati alla deriva laicista della vicina Spagna, o che dibatte accanitamente sulle radici europee della famiglia cristiana (o delle radici cristiane della famiglia europea) fino a tuonare contro il rischio che anche gli omosessuali un giorno riescano a (o vogliano) avere la possibilità di adottare?

Probabilmente nessun parlamento al mondo *parla* così tanto della famiglia e *fa* così poco per la famiglia. L'ultima campagna elettorale, da questo punto di vista, è stata emblematica. Giocata per la maggior parte sui temi economici, ha avuto però momenti di forte coloritura ideologica, da una parte e dall'altra. La Cdl si è caratterizzata per la forte difesa della famiglia tradizionale, intesa come coppia eterosessuale unita da vincolo di matrimonio; l'Unione ha manifestato nella maggior parte delle sue componenti un'apertura verso definizioni più inclusive, ma sull'argomento si è sviluppato un dibattito puramente ideologico.

Vale di nuovo la regola *primum vivere, deinde philosophari*: accertiamoci che un giovane (a prescindere dal suo credo religioso, dalle sue convinzioni politiche, dal suo orientamento sessuale) sia in grado di mettere su famiglia, poi decideremo (se ritenete sia il caso deciderlo) quale famiglia benedire e quale no.

Quello che non emerge mai con sufficiente chiarezza è

che non tutti sono eroi: davanti all'ipotesi di crescere un figlio senza la certezza di un aiuto ma con l'assoluta certezza di dover spendere tanti soldi, le famiglie italiane operano una scelta semplice: non fanno figli.

Nel decennio 1993-2003, le coppie con prole sono scese dal 48 al 42 per cento.

La nostra società, per riprodursi, non chiede denaro, chiede servizi. Secondo gli studi di vari economisti la fecondità va di pari passo con la possibilità per la donna di mantenere il proprio posto di lavoro: deciderà quindi di avere un figlio se potrà contare su servizi pubblici di sostegno che le permettano di non tradire le sue aspirazioni. Il sostegno economico (che può prendere la forma di un bonus, di un assegno di maternità, o della detassazione di alcune voci fiscali) non sembra essere un incentivo valido. Dei soldi non ci si fida, perché vanno e vengono: diverso è, dal punto di vista delle famiglie italiane, il sostegno dello Stato in materia di servizi. Dammi una mano – sembrano chiedere le famiglie italiane – non darmi denaro.

In attesa di conoscere il verdetto su quale sia la famiglia ideale per il Palazzo della politica, le famiglie italiane (quale che ne sia la definizione ufficiale) si arrangiano.

In un Paese in cui il dibattito sulla famiglia ha tenuto banco ininterrottamente dal giorno in cui è stata firmata la Costituzione, il parlamento non è riuscito a varare un sistema compiuto di tutele e garanzie su cui le famiglie potessero contare.

La battaglia sul concetto di «famiglia ideale» ha sottratto energie ed idee a un dibattito almeno altrettanto importante: come colmare l'assoluta mancanza di assistenza alle famiglie reali. Senza nulla togliere alla questione dei Pacs (una questione importantissima, sulla quale è giusto che si confrontino le forze politiche) il dibattito sulle definizioni non può essere l'unico su cui si concentrano le forze e l'attenzione degli italiani. La carenza di asili nido colpisce tanto le coppie di fatto quanto le coppie sposate in chiesa, così come su tutte le donne, sposate o no, pesa sostanzialmente l'intera gestione dei tempi familiari. Non dovremmo chiederci soltanto «cosa si intende per famiglia?», ma anche (se non piuttosto) «cosa serve a una famiglia?». Difficilmente troverete nella periferia di Bari (o in quella di Milano, di Napoli o di Torino), persone che disquisiscono sul concetto di famiglia: troverete piuttosto individui o nuclei che fronteggiano lo stesso tipo di problemi. La mancanza di risorse, la difficoltà di conciliare i tempi di cura della famiglia con quelli di lavoro, l'impossibilità per le mamme di sviluppare le proprie potenzialità e realizzare i propri progetti. Coppie di fatto e coppie sposate cercheranno (al limite) di darsi una mano, certo non si fronteggeranno contendendosi il titolo di famiglia ideale. Non hanno tempo, loro, di giocare a Risiko.

Succede però che le istanze che vengono dalla base della nostra società sono completamente differenti da quelle che arrivano a essere discusse ai vertici. Le questioni, nel trasferirsi dalla società civile alla rappresentanza politica, subiscono una sorta di «raffinazione»: invece di essere sintetizzate vengono ideologizzate, trasformate da problemi di fatto in problemi di principio, e come tali lasciate irrisolte.

Perché nei grandi giornali gli editoriali sono in maggioranza dedicati ai problemi di principio e non a quelle carenze strutturali che stanno spingendo la nostra società a non riprodursi? Quanti asili nido privati dovranno nascere nell'attesa che il Legislatore decida se sposarsi è o non è l'unico modo legittimo per mettere su famiglia?

Così facendo non solo non si risolvono i problemi concreti, si perde anche l'amore per le questioni alte, per le questioni di principio. Queste ultime si svuotano agli occhi dei più del loro significato, e vengono vissute come pura chiacchiera, vuota, inutile. Le grandi questioni diventano alternative alla soluzione dei piccoli problemi e (paradossalmente) le questioni più profonde acquistano il sapore delle chiacchiere più superficiali.

5
Una questione d'età

Un Paese di anziani

Com'è fatta l'Italia? L'Istat[27] ci dice che al 31 dicembre 2005 risultano residenti in Italia 58.751.711 persone, con un incremento dello 0,5 per cento rispetto al 2004. Le donne sono 30.224.823, gli uomini 28.526.888. Gli stranieri sono il 4,5 per cento dei residenti, ma i loro figli sono stati il 9,4 per cento dei neonati. Nel 2005 sono nati 554.022 bambini, e sono morte 567.304 persone. Muoiono più persone di quante ne nascano, e anche se viene confermata una lieve ripresa della fecondità iniziata nella seconda metà degli anni Novanta il saldo è sempre negativo, e l'aumento è quasi interamente dovuto alla spinta data dagli immigrati.

Nel 2003 c'erano 1,28 figli per donna, 1,33 nel 2004. I francesi toccano quota 1,90, l'Unione Europea 1,50. Nello stesso tempo le aspettative di vita in Italia sono tra le più alte d'Europa: 76,8 anni per gli uomini, 82,5 per le donne, contro una media Ue, rispettivamente, di 74,9 e 81,3. L'aumento della popolazione italiana è stato -0,07 per cento nel 2003, +0,03 per cento nel 2004, praticamente meno di zero in due anni.

In Italia si fanno pochi figli, si vive in provincia e in famiglia. E si invecchia: siamo un Paese di anziani. Si legge nel Rapporto di Previsione dell'Associazione Prometeia di marzo 2006: «Se nel 2010 un italiano su 5 avrà più di 65 anni, nel 2020 il rapporto sarà vicino a 1 su 4. [...] La popolazione attiva, ossia quella in età lavorativa, scenderebbe di un milione e 200.000 unità di qui al 2020. [...] Per il solo modificarsi della struttura demografica, nel 2020 l'offerta di lavoro calerebbe di 1.500.000 unità e l'occupazione di 1.200.000 unità».

Riforme, battaglie e guerre civili

L'Italia è il Paese industrializzato in cui il sistema previdenziale assorbe la quota più elevata del Prodotto interno lordo, e la quota dei nostri redditi che è destinata a finanziare le pensioni è destinata ad aumentare ancora di più nei prossimi 25 anni. Per una serie di ragioni, tra cui l'invecchiamento della popolazione, il sistema previdenziale italiano è un lusso che non ci possiamo più permettere.

Le pensioni in Italia assorbono circa 2/3 della spesa sociale complessiva, in Francia e Germania poco più del 40 per cento. Il costo della previdenza pubblica contribuisce in maniera più che rilevante a determinare un prelievo sul lavoro del 45 per cento; anche per questo abbiamo salari netti troppo bassi, mentre non rimangono soldi per finanziare adeguatamente le altre forme di assistenza sociale.

Invece di spiegare agli elettori che mancano i soldi per le pensioni e che quindi è necessario ridurre le prestazioni o aumentare i contributi, molti politici preferiscono chiamare in causa l'Unione Europea o gli organismi internazionali, come se fossero questi ultimi il vero motivo per cui alla fine sarà necessario intervenire. Bisogna intervenire sulle pensioni? Lo pretende l'Europa. Sarebbe più corretto dire «lo dobbiamo fare se vogliamo avere sussidi per chi non lavora».

In realtà non ci sono validi argomenti economici per attribuire alla Commissione di Bruxelles la responsabilità di riformare le pensioni, in Italia o altrove. È vero che la Commissione ci fornisce (con il Patto di stabilità) il metro con cui misurare la compatibilità del nostro sistema con i nostri conti pubblici, ma quando uno si cura la febbre non lo fa per piacere al medico, né può prendersela col termometro se deve mettersi a letto.

Si è già visto come lo sforamento da parte di Francia e Germania dei limiti imposti dal Trattato di Maastricht al deficit pubblico in rapporto al Pil sia stato utilizzato come argomento da alcuni per giustificare situazioni simili in Italia. Sbagliano loro, perché non possiamo farlo anche noi? Nel caso delle pensioni, come nel caso dell'indebitamento pubblico, l'Italia è però in una posizione di maggiore debolezza perché ha una storia finanziaria molto più indisciplinata, e oggi come oggi i conti pubblici italiani sono nel mirino dei mercati e degli investitori, di Bruxelles e delle altre organizzazioni internazionali. Se Francia e Germania godono di una certa flessibilità nella gestione dei loro conti pubblici, l'Italia, uscita indenne dalle crisi finanziarie che l'hanno colpita negli anni Novanta, deve ancora dimostrare di aver imboccato stabilmente la strada del risanamento.

L'unica ragione per coinvolgere l'Europa sul tema pensioni è politica: si intende scaricare la responsabilità di interventi impopolari su qualcun altro. Questo gioco è però molto pericoloso, e ha già prodotto danni irreversibili. In molti elettori, infatti, si è ingenerata una concezione distorta dell'Europa e del processo di integrazione economica e politica, che in molti casi ha prodotto avversione. L'Italia probabilmente dovrà intervenire nuovamente sul sistema pensionistico a prescindere dalla sua appartenenza all'Unione Europea o dall'adozione della moneta unica: la necessità di mettere ordine nei conti pubblici non deriva dal fatto che l'Italia è in Europa. Gli inglesi o gli americani o gli svizzeri, per esempio, sono ben attenti ad avere sistemi in equilibrio pur non adottando l'euro e non essendo membri dell'Unione Europea. Nel caso dell'Italia, la gravissima responsabilità dei politici che «scaricano» il peso delle riforme sull'Europa stride con il fatto che l'Italia sia in effetti uno dei maggiori beneficiari dell'appartenenza all'Ue. Schiacciata sotto il peso del terzo debito pubblico del mondo, l'Italia ha infatti molto più bisogno di Francia e Germania della stabilità monetaria e dei bassi tassi di interesse portati dall'euro. Ma di questo parleremo più in là.

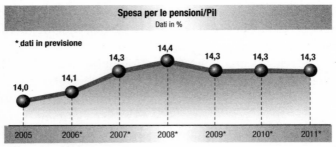

Spesa per le pensioni/Pil
Dati in %

* dati in previsione

14,0 — 2005
14,1 — 2006*
14,3 — 2007*
14,4 — 2008*
14,3 — 2009*
14,3 — 2010*
14,3 — 2011*

Da "la Repubblica", 31 agosto 2006

La guerra ingombrante

In realtà molto è stato fatto. Per il 2050 la spesa pensionistica italiana è stimata sostanzialmente ai livelli attuali, mentre la spesa sanitaria potrebbe aumentare di 1,7 punti di Pil. Resta però il fatto che l'attuale livello di spesa pensionistica è tra i più elevati d'Europa, e che per farvi fronte noi ci indebitiamo, andando a gravare su un debito pubblico già di per sé impressionante. Ogni anno, invece di mettere da parte qualche soldo, chiudiamo i conti in rosso, o quasi; non solo, insomma, le pensioni costano troppo e in futuro saremo in troppi a volerle; ma abbiamo più volte dato l'idea di essere un Paese di scriteriati, che già avrebbe difficoltà a gestire debiti molto più ridotti.

In questo caso non possiamo parlare di guerra inutile. La questione previdenziale è una vertenza importantissima su cui si gioca il futuro del nostro Paese. Lo squilibrio potenziale tra contributi versati e trattamenti da riconoscere nel prossimo futuro rischia di essere una bomba a orologeria messa sotto i nostri conti pubblici. Il dibattito politico che da anni si scatena intorno alla riforma della previdenza è un importante e nobile tema su cui centrodestra, centrosinistra, Confindustria e sindacati fanno bene a confrontarsi e scontrarsi, tra di loro e al loro interno.

C'è però modo e modo di combattere questa battaglia. Intanto non bisogna farla diventare una guerra civile.

Il tema delle pensioni è rischioso: chi tocca le pensioni perde i voti, anche perché ormai la vicenda pensionistica è passata nell'immaginario collettivo come la guerra dei giovani contro gli anziani. Diciamo subito che, se le cose stanno così, non c'è partita. Vincono gli anziani, perché sono molti di più, e sono più aguerriti.

Gli italiani in là con l'età hanno già calcolato quanto rimane loro da lavorare, e ogni intervento che renda più rigoroso il sistema incide la carne viva di milioni di persone. Chi sta per smettere di lavorare sa tutto della sua posizione futura, chi inizia a lavorare oggi tende (come abbiamo detto) a sovrastimare il proprio reddito futuro, oppure tende a preoccuparsi poco della propria pensione. Ci sono più anziani, e mostrano di interessarsi maggiormente al *decision making* di quanto non facciano i giovani. Non sono molti i politici pronti a deludere i tanti per fare un favore a quei pochi che, tra l'altro, non si mostrerebbero neanche grati. Per questo la riforma (quella decisiva) non si fa. Riformare le pensioni è considerata un'operazione a perdere.

Basterebbe invece cambiare i termini della questione, non presentarla più come una battaglia intergenerazionale, come la guerra di Anchise contro Enea, ma raccontarla per quello che è: una riforma che non toglie nulla agli anziani, ma rende più ricche le famiglie. Basterebbe ricordare che l'Italia è il Paese europeo che spende di meno per sussidi di disoccupazione e aiuti alle categorie più gravemente svantaggiate, nonostante il suo alto numero di senza lavoro e di poveri. Basterebbe ricordare ai pensionati quanta parte della pensione (formalmente intascata da loro) si disperda poi sostanzialmente nel sostegno dei propri nipoti senza lavoro, quanto delle loro pensioni devono cedere ai figli perché possano tirare su una famiglia.

Si potrebbe proporre agli anziani che per ogni ritocco al sistema attuale, per ogni mese in più di lavoro che possa loro toccare, venga accolta una delle loro istanze (che magari non ve lo immaginate, ma non sono poche; e soprattutto non sono solo di carattere economico).

Qualcuno li conosce i pensionati italiani?

Se la guerra che la politica combatte attorno al tema delle pensioni non è inutile, è di certo una guerra ingombrante. La chiave della compatibilità economica è diventata l'unica chiave con cui si approccia la realtà degli anziani in Italia. I tanti temi, i tanti punti di vista attraverso cui si può descrivere una realtà importante come quella dei nostri concittadini che hanno smesso di lavorare, vengono annichiliti sempre da un'unica questione: riuscirà il sistema a garantire le pensioni in un prossimo futuro? Parlare degli anziani non può significare solo chiedersi quanto ci costano.

Il primo problema che si trovano ad affrontare gli anziani è la perdita del potere di acquisto delle pensioni. Un problema serio, visto che negli ultimi anni (calcola il sindacato) i prezzi si sono mangiati il 15 per cento del reddito. Gli anziani italiani non hanno soldi da buttar via, non possono risparmiare su spese voluttuarie che non fanno, quindi hanno dovuto ridurre i consumi teoricamente incomprimibili, come gli alimenti, gli affitti e i farmaci. L'inflazione non ha quindi solo ridotto il potere d'acquisto dei pensionati, li ha costretti a rivedere i loro stili di vita, allargando l'area della miseria e della povertà, che è arrivata a coinvolgere anche alcuni di quelli che si sentivano benestanti.

L'assegno del pensionato (valore medio annuo in euro, dati 2006)	
Minatori	12.871
Dirigenti	45.460
Clero	6909
Volo	36.626
Telefonici	23.612
Elettrici	22.668
Esattoriali	27.465
Gas	18.578
Trasporto	18.558
Fs	18.486
Spedizionieri	10.536
Fondo lavoratori dipendenti	9724
Artigiani	8738
Commercianti	7854
Agricoltori	7344

Da "la Repubblica", 31 agosto 2006

Se questo è il quadro economico in cui si muovono gli anziani in Italia, l'affresco non migliora se ci si rivolge all'area dei servizi.

Negli ultimi tre o quattro anni questi servizi sono diminuiti: erano finanziati perlopiù dai Comuni di residenza e, quando lo Stato ha gradualmente diminuito i finanziamen-

STRAPPALE ELIMINARE. (handwritten annotation)

ti, ne hanno risentito. Prima sono stati stralciati i servizi di socialità, cioè le vacanze a prezzo ridotto, gli spettacoli, le feste, i contributi per i centri sociali. Poi gradualmente sono calati i servizi di vera e propria assistenza, come gli assistenti domiciliari che vanno a fare le pulizie o portano la spesa, comprano le medicine o offrono (in alcuni Comuni) servizi di trasporto in caso di analisi e accertamenti medici. Eppure i servizi di cui l'anziano ha più bisogno sono proprio quelli domiciliari, che lo aiutano a vivere in autonomia, o lo sostengono, a richiesta, se o quando ha bisogno di uscire.

La riduzione dell'assistenza domiciliare è il danno maggiore che si può fare ad un anziano che abbia bisogno, perché tra le esigenze fondamentali della terza età è ormai certificata l'esigenza di continuare a vivere nel proprio ambiente, nella propria casa, nel proprio quartiere, con le proprie abitudini e le proprie conoscenze. La riduzione dell'assistenza domiciliare ha comportato d'altronde l'aumento dei ricoveri negli Istituti, anticamera del crollo fisico e psichico per un anziano.

Il punto è semplice: se una riorganizzazione generale del welfare aggiungesse qualche anno di lavoro ma garantisse qualche servizio, siamo sicuri che invece di trovarci davanti a una guerra generazionale non potremmo trovarci davanti a un proficuo patto tra padri e figli?

Nonno for president

C'è una categoria di anziani che non possiamo esimerci dall'analizzare, ed è quella dei nostri politici.

Le ultime elezioni hanno visto due candidati prossimi ai settant'anni contendersi il ruolo di Primo ministro, e i leader che probabilmente prenderanno il loro posto alle prossime elezioni hanno già abbondantemente superato i cinquant'anni. Nel primo governo Prodi era Giovanna Melandri il ministro più giovane; dieci anni dopo, nel nuovo governo Prodi, il ministro più giovane è ancora la Melandri, con dieci anni di più. Giorgio Napolitano inizia il suo mandato di presidente della Repubblica a 81 anni, prendendo il posto dell'ottantaseienne Carlo Azeglio Ciampi. Illuminante la gara per l'elezione del presidente del Senato: prima che Franco Marini (73 anni) battesse Giulio Andreotti (87 anni), si è cercato il presidente pro tempore che guidasse le votazioni: dopo il rifiuto di Rita Levi Montalcini (97 anni) è stato scelto Oscar Luigi Scalfaro (88 anni).

Adesso andiamo all'estero: Bill Clinton ha preso in mano le sorti degli Stati Uniti (ripetiamolo, degli Stati Uniti) appena compiuti i 46 anni; il suo vice, Al Gore, ne aveva 44. "lavoce.info" ci aiuta a fare i conti in Europa: il premier francese de Villepin è stato nominato all'età di 51 anni, così come il premier tedesco Angela Merkel. Persson (Svezia), Socrates (Portogallo), Karamanlis (Grecia) e Vanhanen (Finlandia) sono stati eletti a 47 anni. Balkenende (Olanda) e Verhofstadt (Belgio) a 46 anni. Stoltenberg (Norvegia) è stato eletto a 45 anni e Zapatero (Spagna) a 44. In Inghilterra, Blair ha iniziato il suo lungo mandato nel 1997, a 43 anni di età. Alla Repubblica Ceca spetta il primato del Primo ministro più giovane: nelle penultime elezioni, tenutesi nel 2004, Stanislav Gross è stato eletto a 35 anni. Scrive Gianluca Violante: «La differenza di età tra il nostro Primo ministro e quello "mediano" europeo è scioccante: venti anni, quasi una generazione. Da una rapida occhiata agli archivi appare un altro dato piuttosto sconcertante. In Italia l'ultimo presidente del Consiglio di 47 anni, a parte la fugace apparizione di Giovanni Goria, fu Aldo Moro nel 1963. Il gap anagrafico con il resto d'Europa è simile per il presidente della Repubblica. Silva, presidente del Portogallo, fu eletto a 66 anni; Chirac (Francia) assunse l'incarico nel 1995 a 63 anni, e Kohler (Germania) fu nominato nel 2004 a 61 anni; Klaus, presidente della Repubblica

Ceca iniziò il suo mandato a 62 anni; Tarja Halonen, finlandese, fu eletta nel 2000, all'età di 57 anni. E così via [...] Se prendiamo i cinque ministeri chiave, Interni, Esteri, Economia, Giustizia e Difesa, l'età media è 63 anni».[28]

Le cose non succedono per caso: in Italia non è facile neppure affittarsi casa prima dei 35 anni, figurarsi diventare Primo ministro.

È un cane che si morde la coda: le generazioni più giovani sono affossate da problemi che le generazioni più anziane neanche immaginano, e che quindi non riescono, o comunque non hanno interesse, a risolvere. Fino a che questi problemi non vengono risolti, però, i trentenni non possono riuscire a farsi spazio.

Il mancato ricambio generazionale, o meglio il mancato innesto di nuovo personale politico sul vecchio, contribuisce a far perdere al Legislatore la capacità di «vedere» parte della società, i suoi problemi, le sue esigenze. Basti pensare a come è cambiato negli ultimi anni il mercato del lavoro: è cresciuto di gran lunga il numero dei lavoratori autonomi, il rapporto di lavoro dipendente è cambiato, è aumentato il peso del lavoro precario nel pubblico impiego. Il Legislatore però sembra incapace di leggere la realtà in maniera diversa da come continua a immaginarla da decenni, e sembra quindi aver perso la capacità di cogliere gli ultimi rapidi sviluppi della realtà nazionale. Congelata in una rappresentanza immutabile, la politica fa pagare le tasse a chi non ce la fa più, regola il lavoro che non c'è più, risponde a domande che giovani, donne, imprese, non fanno più da tempo, mentre non presta attenzione alle nuove istanze. Le categorie che abbiamo incontrato in questa parte della nostra inchiesta hanno problemi che nessuno vede, chiedono servizi che nessuno sa come organizzare.

Pensiamo alla realtà del lavoro autonomo: i professionisti del futuro sono diversi da quelli del passato, diversi da come li immaginiamo. Giorgio Benvenuto parla di «una sorta di proletarizzazione nel mondo delle professioni, ove si sono inseriti centinaia di migliaia di giovani (commercialisti, avvocati, tributaristi, promotori finanziari, consulenti del lavoro) che hanno una cultura diversa da quella dei loro genitori». In pratica, il fisco (ad esempio, ma non solo il fisco) ha perso un giro: i genitori degli attuali professionisti hanno accumulato denaro ad insaputa dell'Erario, adesso che l'Erario ha imparato a difendersi rischia di trovarsi davanti una popolazione infinita di giovani professionisti-proletari, che guadagnano poco perché sono in tanti sul mercato, ed hanno i problemi dei lavoratori dipendenti che, nel frattempo, sono diventati loro simili.

Sia chiaro, quella del lavoro autonomo resta un'area in cui asciugare ampie zone di evasione, ma è interessante notare come i due mondi che per tanto tempo si sono fronteggiati (lavoro dipendente e lavoro autonomo) comincino piano piano (almeno in prospettiva) ad assomigliarsi.

Anche la nostra società è stata agitata (non mescolata!) dalla globalizzazione, dalla concorrenza, dalla libertà di iniziativa dei singoli, lavoratori o imprenditori che fossero. La lentezza con cui il Legislatore ha reagito agli avvenimenti ha provocato lacerazioni sociali e ha creato aree di difficoltà e indigenza, ma non ha potuto evitare che il mondo cambiasse: molti giovani, non riuscendo più a trovare un lavoro a tempo indeterminato, si sono, giustamente, inventati qualcosa di nuovo. Si sono indirizzati verso le nuove professioni, verso mondi in veloce sviluppo, che rispecchiavano tra l'altro meglio la loro cultura e la loro formazione: parliamo della finanza, dell'informatica, del turismo, del commercio, dei servizi. Si sono avventurati in un mondo nuovo, nel quale nessuno dei *decision makers* ha avuto il coraggio di seguirli: i padri (ma sarebbe meglio dire i nonni) hanno continuato a regolamentare l'unico mondo che erano in grado di vedere, il proprio, e hanno dimenticato quello dei figli. Ma il cambiamento messo in moto dalle ultime generazioni ha intanto modificato la società nel suo complesso.

L'incapacità della politica di affrontare il nuovo mondo porta a paradossi fortissimi: il centrodestra confida nel fatto di avere un leader ricco, ed è sicuro che tanto basti a farsi rappresentante del mondo delle partite Iva. Il centrosinistra teme che, non avendo un leader ricco, il mondo delle partite Iva gli sfugga. Ad entrambi sfugge che molte, di quelle partite Iva che si contendono, ricche non sono.

Stesso discorso per gli appartenenti agli Ordini professionali. Forti delle loro secolari rappresentanze in parlamento, i professionisti contrastano le politiche di liberalizzazione, quelle politiche che vengono invece auspicate dalle associazioni che riuniscono i professionisti freschi d'esame. I più giovani (stufi di svolgere il servizio quasi gratis negli studi già avviati) chiedono di poter competere con i più anziani, di poter abbassare i prezzi, di poter pubblicizzare i loro prodotti.

Anche l'evasione sembra ormai diventata il vizio dei ricchi, mentre tanti giovani professionisti (in questo simili a molti dei loro padri) guardano al rispetto delle regole come ad una convenienza, un modo per abbassare il rischio della propria attività. Se la politica alzasse gli occhi, e si sforzasse di vedere il mondo per come è, e non per come è abituata da decenni ad immaginarlo, scoprirebbe tante figure nuove, tanti interlocutori potenziali che adesso nemmeno immagina. Se invece di guardare alle conservatrici o alle progressiste parlasse alle madri in cerca di aiuto, se invece di parlare ai futuri pensionati parlasse ai futuri anziani, se invece di parlare ai professionisti che difendono coi denti la loro partita Iva milionaria parlasse con quelli che i milioni li devono ancora fare o che la partita Iva sono stati costretti ad aprirla... probabilmente la politica scoprirebbe che tutto è più facile, e che molti scontri in cui ci perdiamo sono retaggi del passato, vischiosità di un conflitto che nasceva su una società più semplice, una società in cui (ad esempio) il capitale ed il lavoro erano facilmente riconoscibili e separabili, in cui una mamma non aveva altre potenzialità che non badare ai propri figli e farne altri ancora, una società in cui un figlio era a posto non appena gli si trovava quel posto fisso che oggi non si trova più. Una società più semplice, meno ricca di diversità, una società (tutto sommato) più povera.

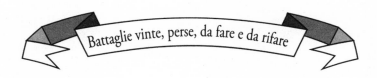

Battaglie vinte, perse, da fare e da rifare

Discuttete questa affermazione:

E debbasi considerare come non è cosa più difficile a trattare, né più dubbia a riuscire, né più periculosa a maneggiare, che farsi capo a introdurre nuovi ordini; perché lo introduttore ha per nimici tutti quelli che delli ordini vecchi fanno bene, e ha tepidi defensori tutti quelli che delli ordini nuovi farebbono bene.

(Machiavelli, Il Principe, VI, 1513)

There is nothing more difficult to carry out, nor more dubious of success, nor more dangerous to handle, than to initiate a new order of things. For the reformer has enemies in all those that profit by the old order and only lukewarm defenders in all those that would profit by the new.

Questo è il problema in Italia! (Denis Henshaw)

6
Bollette e monopoli

I tempi della tasca e i tempi della politica

Le riforme sono il terreno più difficile su cui si trova a giocare la politica. La gestione dell'esistente può essere più o meno agevole, ma è in ogni caso una prova meno complessa di quella che deve superare chi intende cambiare le cose. Le riforme hanno sempre un prezzo molto alto, dal momento che in ogni situazione esiste sempre chi trova il modo di sviluppare una convenienza, chi gode di una rendita che non vuole vedere messa in discussione, chi opporrà ogni resistenza per impedire il cambiamento. Riformare vuol dire perdere (a breve) del consenso, sempre e comunque. Attenzione però: anche non riformare fa perdere il consenso. Lo fa perdere alla lunga, e ne fa perdere molto di più.

Facciamo un passo indietro. Cosa viene in mente se si parla di «riforme»? Con ogni probabilità si pensa alle riforme istituzionali. Sono riforme importantissime, da cui dipende la funzionalità del processo decisionale del nostro Paese, ma sono riforme di cui non si avverte la reale necessità nel momento in cui non vengono effettuate. Non se ne avverte il peso nell'immediato. Noi vi proporremo invece in questo capitolo alcune mancate riforme che paghiamo di tasca nostra ogni ora, ogni giorno, ogni mese che passa senza che siano state fatte. Non fare queste riforme costa, e costa tanto. Non solo in termini di consenso, ma anche in termini di euro regalati a chi vive di rendita: la rendita sull'inerzia della politica.

La bolletta

Ci sono spese che non possiamo evitare. Si chiamano spese obbligate, e ne sono un esempio quelle che sosteniamo per avere la luce in casa, il gas in cucina, l'assicurazione della macchina... Chiamiamole spese insopprimibili. Tutte queste spese sono gestite in regime di monopolio, o di oligopolio, o di cartello. Insomma: o decide uno, o decidono in pochi, o si mettono d'accordo. Di certo se volete la luce in casa per ora avete due possibilità: o usate le candele o vi rivolgete all'azienda municipalizzata che fornisce energia elettrica. A lei e solo a lei, almeno fino a luglio 2007, quando è prevista la liberalizzazione delle utenze domestiche e ognuno potrà scegliere il proprio fornitore di energia così come oggi si possono scegliere diversi abbonamenti per il telefonino. Stesso discorso per le altre *utilities*, da cui, a breve, non potete aspettarvi grossi cali di prezzo.

Le bollette italiane del gas e dell'elettricità sono tra le più salate d'Europa: Eurostat ci dice che le nostre famiglie, al netto delle tasse, spendono per l'elettricità più di ogni altro europeo, mentre si attestano al terzo posto della classifica per quanto riguarda il caro-metano. Cento kilowattora di elettricità domestica costano agli italiani (sempre al netto delle tasse) 14,12 euro, contro una media Ue di 8,88 euro. La bolletta del gas più salata, invece, tasse comprese, è quella dei danesi per i quali un Gigajoules (Gj) costa 24,79 eu-

La dinamica dei prezzi dei servizi pubblici in Italia 1997-2003

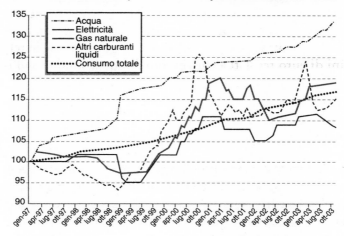

ro. Seguono gli svedesi, con 19,44 euro e gli italiani con 17,42 euro. La media europea si attesta sui 10,46 euro.[29]

Per le imprese è anche peggio. Secondo la Confartigianato in Italia il gas per usi industriali, al netto delle imposte, costa alle piccole e medie imprese il 30 per cento in più rispetto alla media europea.

Le tasse costituiscono circa un quarto del peso della bolletta: se ad esempio apriamo il gas, per ogni euro che ci costa ne versiamo circa mezzo allo Stato (tra Iva, imposte locali e canone). Se accendiamo la luce, diamo 75 centesimi al gestore, ne versiamo più o meno 11 di canone e ne paghiamo quasi 14 di tasse allo Stato.[30]

Nei prossimi capitoli affronteremo il problema delle fonti, per ora basti dire che il sistema italiano di approvvigionamento di energia è estremamente fragile, sia a causa della limitata disponibilità delle fonti nazionali sia a causa delle scelte di politica energetica fatte in passato. Nel 2005, il 49 per cento della produzione di energia elettrica è avvenuto utilizzando gas naturale, il 12 per cento prodotti petroliferi, il 15 per cento carbone, il 14 per cento da fonte idroelettrica, il 2 per cento da impianti geotermici, il 2 per cento da rifiuti e biomasse, meno dell'1 per cento da eolico e fotovoltaico. Si tratta di dati molto diversi dalla media europea, dove la generazione elettrica avviene per il 33 per cento da fonte nucleare, il 28 per cento da carbone, il 20 per cento da gas naturale, il 10 per cento da impianti idroelettrici e altre energie rinnovabili, e solo per il 5 per cento da olio combustibile.

La totale dipendenza da fonti di energia così costose non può che avere delle ricadute sulla nostra bolletta, ma quello delle fonti da differenziare non è l'unico freno allo sviluppo del settore. Il mercato dell'energia elettrica e del gas era fino a pochi anni fa completamente in mano a Enel e Eni, due aziende (una volta) al 100 per cento di proprietà dello Stato. Alla fine degli anni Novanta è stato avviato il processo di privatizzazione e di liberalizzazione dei due mercati, che a oggi non è stato ancora completato. Nell'energia elettrica se ne è fatta poca, ma si è fatta più strada, mentre nel settore del gas l'Eni continua a poter fare il bello e il cattivo tempo.

La partecipazione (in forma diretta o indiretta, quest'ultima attraverso la proprietà della Cassa depositi e prestiti) dello Stato in Enel ed Eni è scesa oggi attorno al 30 per cento, con il resto delle azioni in mano a investitori privati italiani e stranieri, grandi e piccoli. L'Enel è stata costretta dal parlamento a vendere molte centrali ai concorrenti, a cedere la rete di trasmissione dell'elettricità nelle mani di Terna, una società quotata in Borsa, indipendente da Enel. Risultato: oggi Enel è ancora la più grande azienda elettrica operante in Italia, ma produce solo un terzo dell'energia che viene consumata dagli italiani. È sì ancora in grado di «fare il prezzo», di agire in posizione di dominanza, soprattutto in alcune zone del Paese e in alcune ore del giorno, ma non è più un vero e proprio monopolio. Insomma, è forte, fortissima, ma se la deve vedere, tanto per fare nomi, con concorrenti del calibro della francese Edf, della spagnola Endesa, dei tedeschi di E.On o della belga Electrabel, che hanno acquistato o costruito molte centrali in Italia (Enel ovviamente non può costruire in Italia).

Eni è invece ancora proprietaria dei tubi del trasporto del gas (Snam) che valicano le Alpi o attraversano il Mediterraneo e portano il combustibile in Italia. È proprietaria della rete di distribuzione che arriva nelle case degli italiani (Italgas), ed è proprietaria dell'unico rigassificatore che esiste in Italia (Panigaglia). Eni possiede anche gli stoccaggi strategici del gas (Stogit), quelli a cui si attinge nei momenti di crisi.

Nel caso del gas, dunque, non si è ancora verificata la separazione tra produzione, trasporto e distribuzione, passo fondamentale per intaccare una posizione di monopolio. Anche Eni, come Enel, oggi non opera più in una condizione di monopolio perché i concorrenti del cane a sei zampe hanno il diritto di far passare il loro gas nei tubi dell'Eni, ma è del tutto intuitivo che, per quante regole e regolatori vigilino sulla neutralità della rete di trasporto, la Snam tenda a usare un occhio di riguardo quando si tratta di far transitare il gas della sua capogruppo. Soprattutto se la capogruppo in questione è titolare della quasi totalità dei contratti di approvvigionamento di gas del Paese.

Ideologia e convenienza

Sono tanti i motivi per cui i prezzi in Italia non scendono. Sono tanti i settori protetti in cui non si riesce a dare il via alla concorrenza; la situazione di privilegio è in molti casi talmente strutturata e cronica che non basterebbe certo un provvedimento legislativo per scioglierla.

Pensiamo al settore dell'energia, dove bisogna vincere le

resistenze delle popolazioni locali per costruire i rigassificatori e aprire il mercato all'import di metano attualmente
monopolizzato da Eni, o pensiamo all'elettricità, la cui bolletta è gonfiata da retaggi del passato come il Cip6, il sistema di incentivi alle energie verdi che è costato al sistema più
di 5 miliardi di euro (3 dei quali versati direttamente dai
consumatori) e che ha finito per premiare i petrolieri.
Ma ancora trovi il monopolio negli angoli più impensa-
ti. I servizi locali come i trasporti, ad esempio, vengono affi-
dati nella stragrande maggioranza dei casi a trattativa privata, senza gara, senza quindi competizione al ribasso da parte
dei fornitori. Il più delle volte, anzi, l'ente territoriale ha legami societari con chi gestisce il servizio: lo affida in pratica
a se stesso, pagando con i soldi degli altri. Non lo si può de-
finirlo un incentivo a risparmiare.
E questo schema lo troviamo dappertutto. Comuni,
Province, Regioni dominano settori come il gas, i rifiuti,
l'acqua, oltre ai già citati trasporti pubblici ed energia elettrica. Le Regioni hanno competenze importanti come la distribuzione commerciale, o quella delle pompe di carburan-
te. Scrive "Il Sole 24 Ore": «[Per quanto riguarda la concorrenza, nda] si sono fatti più progressi a livello centrale che a
livello locale. Basta guardare alle dinamiche dei prezzi tra il
2000 e il 2005: nei settori liberalizzati, come la telefonia fis-
sa, sono addirittura diminuiti di oltre il 5 per cento contro
un'inflazione del 9,3 per cento mentre trasporti pubblici ur-
bani, acqua, trasporto aereo e autostrade hanno abbondantemente superato l'indice generale. E sono questi i prezzi
che più incidono sulla competitività del sistema».[31] Ci siamo tanto concentrati sui monopoli appartenenti allo Stato
centrale da non accorgerci che il problema stava diventando
l'amministrazione locale.
   La liberalizzazione dei servizi locali appare particolarmente «sensibile», da un punto di vista politico. Qui la poli-

tica non deve soltanto sconfiggere gli interessi di lobby potenti e organizzate: deve trovare la forza di autoridursi il potere, una missione impossibile a meno che non sia l'opinione pubblica, cioè gli elettori, a imporre la riforma.

Le cosiddette *utilities* locali, cioè società che erogano servizi in ambito locale poste in genere sotto il controllo degli enti locali, operano quasi sempre in settori «vitali»: energia elettrica, gas, acqua, trasporti, edilizia, sanità, rifiuti. Nessuno può fare a meno di acquistare energia o acqua, o di affidarsi ai trasporti pubblici. Secondo dati di Confservizi, le *utilities* hanno un giro di affari annuale pari a circa 25 miliardi di euro. Il 73 per cento di esse è a capitale interamente pubblico, mentre la quota rimanente è gestita con forme di proprietà mista.

I numeri delle *utilities* locali

Settore	Numero aziende	Addetti 2005	Popolazione servita
Energia elettrica	147	8994	11.000.000
Gas	216	8416	17.200.000
Idrico	346	23.649	39.200.000
Igiene ambientale	271	38.376	34.300.000
Trasporti	157	71.197	56.000.000
Farmacie	312	3550	10.100.000
Cultura, turismo e tempo libero	149	6000	15.000.000
Edilizia residenziale pubblica	113	7000	3.000.000
Sanità	132	323.000	27.210.000

In questo caso la proprietà pubblica o privata delle *utilities* locali è, sotto il profilo prettamente economico, irrilevante: il punto è che queste società hanno praticamente il monopolio della gestione dei servizi di cui sono titolari e ottengono questo enorme vantaggio competitivo senza dover partecipare a gare di alcun tipo. I Comuni, le Province, le Regioni affidano le gestioni senza procedere a gare – tramite il cosiddetto *in house providing*, o l'affidamento diretto. Centinaia di imprese che gestiscono servizi essenziali per la collettività e danno lavoro a oltre 320.000 persone hanno dunque ottenuto il monopolio nell'erogazione delle loro prestazioni e i loro amministratori sanno che il loro posto di lavoro, così come il successo dell'attività delle imprese che guidano, dipende dalla politica. Questo accade perché sindaci e presidenti di Regioni e Province sono sostanzialmente proprietari delle società di cui sono al tempo stesso i regolatori: sono in chiaro conflitto di interesse e non hanno alcun incentivo a promuovere condizioni concorrenziali.

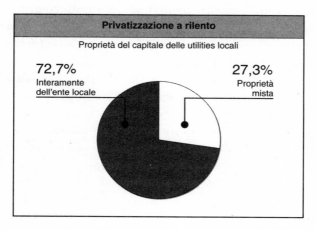

Privatizzazione a rilento

Proprietà del capitale delle utilities locali

72,7%
Interamente
dell'ente locale

27,3%
Proprietà
mista

Dati economici e produttivi	Milioni di euro
Totale ricavi vendite e prestazioni	23.591
Totale costi	25.797
di cui Costi del personale	6721
Risultato d'esercizio	905
Investimento	5397

L'utilità della concorrenza

L'esperienza ci insegna che la concorrenza (rispettosa delle regole del mercato e dei diritti del cittadino-lavoratore) abbassa i prezzi, stimola l'impresa, migliora il prodotto. In parole povere, conviene.

Negli ultimi anni si sta diffondendo anche in Italia l'idea che la concorrenza e il libero mercato siano dei beni pubblici. Questo è stato possibile grazie all'opera delle autorità di controllo – che hanno attaccato le posizioni di rendita o di monopolio – e grazie agli sforzi di politici, economisti, giornalisti e commentatori che hanno cercato di far conoscere all'opinione pubblica i vantaggi derivanti dall'apertura dei mercati. Nella sfera della politica questo sforzo ha richiesto e richiede capacità di far prevalere l'interesse generale dei cittadini-consumatori sugli interessi particolari delle lobby o delle corporazioni.

Nel lungo termine, la crescita dell'economia e dell'occupazione dipende anche da quella della produttività, ma quest'ultima per svilupparsi richiede un ambiente aperto e concorrenziale, e un adeguato contesto economico-sociale e giuridico-istituzionale, favorevole all'impresa e all'assunzione del rischio. Nessun imprenditore si impegna per migliorare il processo produttivo della sua azienda se non teme che qualcun altro possa fare meglio di lui e rubargli i clienti: migliorare il processo produttivo significa infatti investire perché si possano in seguito produrre beni e servizi di maggior valore a costi decrescenti, e se non si è costretti, se si è sicuri del profitto anche senza bisogno di migliorarsi, questi obiettivi non si perseguono.

D'altronde (in linea di massima, al netto di distorsioni che sta alla buona politica evitare) lo sviluppo di un sistema conviene a chiunque ne faccia parte. Pensiamo a quella che è stata un'importante conquista del movimento dei lavoratori, la riduzione dell'orario: parte del miglioramento delle condizioni di lavoro e delle retribuzioni è dovuta anche al processo economico e tecnologico, perché oggi con otto ore di lavoro un solo operaio è in grado di produrre più di quanto produceva due secoli fa un'intera famiglia con quindici ore. Pensiamo a cosa hanno significato per la trasformazione e lo sviluppo della nostra società la pressa, il trattore, il martello pneumatico e (oggi) il computer o i telefonini.

La concorrenza è un processo dinamico, un meccanismo che deve essere protetto dalla politica, un traguardo al quale tendere: la sovranità dei consumatori non è mai pienamente realizzata, perché inevitabilmente si formano degli oligopoli che tendono a sfruttare posizioni di privilegio. Quando ciò accade il sistema non funziona come dovrebbe e l'oligopolio incassa un «sovrapprofitto» il cui costo è spalmato sull'intera collettività. Se qualcuno è da solo a produrre e vendere in un settore, ha la possibilità (entro certi limiti) di decidere la quantità offerta e il prezzo del bene venduto.

La perdita di competitività dell'Italia sui mercati internazionali deriva anche dalla poca concorrenza che c'è in settori come quelli dei servizi, della produzione e distribuzione dell'energia, e anche delle professioni. La politica gioca un ruolo cruciale nel recupero del terreno perduto: la concorrenza infatti ha bisogno di affermarsi come valore, in modo che la collettività impari a non guardarla più con sospetto. Se questa consapevolezza si diffonde, l'apertura dei mercati diventerà un processo irreversibile: le corporazioni che temono la concorrenza sono molto ben organizzate ma numericamente esigue. Non avrebbero la forza né gli argomenti per resistere a un'ondata liberalizzatrice popolare.

Probabilmente però il concetto di concorrenza deve ancora essere del tutto deideologizzato. Il dibattito politico su questo argomento risente ancora dei retaggi di chi la ritiene sinonimo di mercato selvaggio e di sopraffazione del debole, o di chi la considera un meccanismo al ribasso che mina la qualità e l'affidabilità dei servizi.

La questione che ha diviso il Paese per tanti anni è complicata davvero. Innanzitutto una cosa sono le privatizzazioni, una cosa sono le liberalizzazioni; privatizzare vuol dire vendere ai privati ciò che è pubblico, liberalizzare vuol dire creare le condizioni perché un mercato sia libero, e perché quindi (in quel mercato) siano in tanti a operare. Privatizzare non vuol dire liberalizzare: un monopolista può essere tanto pubblico che privato; liberalizzare non vuol dire privatizzare: in un mercato aperto uno degli operatori può anche essere pubblico, l'importante è che non abbia più potere degli altri.

L'ideologia, o semplicemente la nostra cultura politica, ci può al massimo spingere a guardare con più favore alla proprietà pubblica o a quella privata, ma difficilmente può portarci a essere a favore o contro le liberalizzazioni, che sono uno strumento con cui la politica persegue un fine, null'altro. Nessuno è favorevole o contrario a uno strumento: si possono avere idee diverse sul suo utilizzo, tutto qui. Una volta che si decide di utilizzarle per far scendere i prezzi e aumentare le possibilità per i cittadini di fare impresa e lavoro, chi può essere contrario alle liberalizzazioni? La destra o la sinistra?

Lasciare spazio alla concorrenza non vuol d'altronde dire far scomparire lo Stato: quest'ultimo ha, anzi, il compito fondamentale di formare regole del gioco favorevoli alla crescita economica, all'equità, alla sostenibilità e all'efficienza del sistema.

Non deve stupire che a dare la spinta più forte alla liberalizzazione dei mercati negli ultimi tempi sia stato il ministro di un governo di centrosinistra, così come non dovrà stupire se, in futuro, la prossima spinta dovesse essere data da un ministro di centrodestra: pari opportunità e prezzi bassi convengono a tutti.

Tutto insieme o un po' per volta?

Il problema adesso diventa un altro: come definire il mercato? Come un unico insieme, in cui nessuna categoria è autosufficiente e tutto comunica con tutto, oppure come un mosaico fatto di tante tessere autosufficienti? Nel primo caso la concorrenza andrebbe introdotta nello stesso momento in ogni ambito dell'economia, nel secondo si potrebbe lavorare separatamente, liberalizzando un comparto per volta.

Qui ci imbattiamo nel solito scarto tra teoria e pratica: In pratica ogni piccolo settore strappato al potere dell'oligopolio è una vittoria del cittadino consumatore, ma in teoria la concorrenza andrebbe introdotta in un'unica soluzione in ogni ambito della vita economica, in modo da non sfavorire l'unico settore riformato rispetto agli ambiti che rimangono chiusi.

I prezzi che scendono nei settori dove è la concorrenza a determinarli liberano risorse che poi, però, vanno a ingrossare le rendite dei settori che hanno la garanzia dei cosiddetti consumi obbligati. Se il prezzo di un prodotto rimane lo stesso e tutti gli altri scendono, è possibile che il produttore del bene a prezzo fisso riesca a vendere di più, e che quindi incassi quello che gli altri perdono. I buoni arricchiscono i cattivi, chi accetta le regole del mercato fa gli interessi di chi non le accetta.

Ovvio a questo punto che il libero mercato venga visto dagli stessi imprenditori come una minaccia al profitto, e non come il primo artefice dello stesso.

Pensiamo ai commercianti. Abbiamo parlato della assurda distribuzione del rapporto tempo/reddito nelle famiglie italiane. Chi ha tempo non ha i soldi, chi ha i soldi non ha tempo. Davanti a famiglie che riescono a spendere quel poco che spendono solo durante i week end i commercianti dovrebbero (e potrebbero) inventarsi nuovi orari, restando aperti magari la notte, magari fino a tardi: un modo per guadagnare di più, non solo un modo per andare incontro al cliente. Sarebbe per loro un'opportunità, invece sono loro stessi a non volere gli orari liberalizzati. Un tic difensivo, non un calcolo economico. Lo stesso tic che blocca la liberalizzazione dei saldi e degli sconti. Vale il medesimo discorso per i taxi: nelle grandi città non si trovano auto pubbliche? Logica vorrebbe che ogni tassista cercasse di avere un'altra licenza in mano, in modo da assumere qualcuno da far lavorare: un modo per guadagnare di più, nient'altro. E invece no, un tic culturale, di nuovo, impone all'imprenditore di proteggere quel poco che ha invece di lanciarsi in quel tanto che può avere.

In realtà riformare un monopolio per volta permette alla politica di avere dalla propria parte tutti quelli che della categoria da riformare non fanno parte. È presumibile che un avvocato sia favorevole alla liberalizzazione del servizio dei taxi, così come possiamo immaginare che un tassista sia favorevole al ridimensionamento delle parcelle degli avvocati. Le lobby sono più pericolose se si coalizzano, meno se vengono affrontate una ad una. Qui sì che servono gli esperti di Risiko. La capacità di tessere strategie efficaci è la grande abilità di un politico. Diventa utile, però, solo se è finalizzata a cambiare le cose, se è finalizzata al bene comune. Altrimenti scatta la sindrome del gioco da tavolo, di cui abbiamo già parlato.

7
L'esercito dei professionisti

La tassa del potere

In Italia paghiamo una strana tassa. La tassa imposta dal potere che hanno determinate categorie di impedire le riforme. Ogni volta che queste categorie di lavoratori e professionisti riescono a respingere la riforma della loro condizione, possiamo automaticamente infilarci una mano in tasca: stiamo per trasferire loro parte del nostro reddito. Queste categorie sono ben riconoscibili, si sono dotate di appositi documenti: le licenze e le tessere dell'Ordine.

Licenze e tesserini

Per guidare un taxi serve una licenza. Domandiamoci quali sono le ragioni di questa procedura, e analizziamo i requisiti che i Comuni richiedono a chi voglia ottenerla. Ne abbiamo scelto uno a caso, quello di Ancona.

Modalità per ottenere il servizio

Il titolare deve indirizzare al sindaco, in carta semplice, la

123

comunicazione di cessazione dell'attività o il trasferimento ad altro soggetto.

Colui che subentra deve presentare domanda indirizzata al sindaco, in bollo, contenente le sue generalità, luogo e data di nascita, residenza e cittadinanza. Deve inoltre dichiarare i requisiti di seguito elencati:

• persone fisiche appartenenti agli Stati della Comunità Europea, a condizione di reciprocità;

• essere iscritti nel ruolo dei conducenti di veicoli presso la Camera di Commercio;

• avere la disponibilità totale del veicolo oggetto dell'autorizzazione;

• avere la disponibilità di una rimessa o altro spazio atto a consentire il ricovero del mezzo fuori servizio;

• non aver trasferito precedente licenza o autorizzazione da almeno 5 anni;

• non essere incorso in condanne a pene comportanti l'interdizione da una professione o da un'arte o l'incapacità di esercitare uffici direttivi presso qualsiasi impresa, salvo che sia intervenuta riabilitazione a norma degli artt. 178 e segg. del C.P.;

• essere in regola con le norme antimafia;

• non essere stato dichiarato fallito senza che sia intervenuta cessazione dello stato fallimentare;

• non essere incorso, nel quinquennio precedente la domanda, in provvedimenti di revoca o di decadenza di precedente autorizzazione disposti dal Comune nel quale la domanda è stata presentata;

• non essere incorso in una o più condanne, con sentenze passate in giudicato, per delitti non colposi, a pene restrittive della libertà personale per un periodo complessivamente superiore ai due anni e salvi i casi di riabilitazione.

Tutte richieste legittime da parte di un Comune che voglia assicurarsi di delegare un servizio pubblico a persone affidabili. È il quinto punto però a far venire qualche dubbio: chi presenta la domanda non deve aver ceduto la licenza negli ultimi cinque anni. Il Comune vuole evitare insomma che l'aspirante conducente faccia un business del vendersi le licenze: ma perché, viene da domandarsi, esiste un mercato delle licenze? Certo che esiste, ed è pure vantaggiosissimo (per chi vende). Una licenza può arrivare a costare nelle grandi città 180.000 euro, dal momento che di licenze ce ne sono poche. Perché, aggiunge il Comune di Ancona nel suo sito internet, «le licenze per lo svolgimento di questa attività sono a numero chiuso. È possibile solamente subentrare ad una licenza già rilasciata».

Non domandatevi perché c'è il numero chiuso. Non esiste una ragione. Il Comune, deputato a rilasciare le licenze, dovrebbe avere interesse a rilasciarne più possibile: perché così ci sarebbero più taxi in giro e se ne troverebbero sempre, perché così i taxi costerebbero di meno e perché così troverebbero lavoro in tanti. Gli unici ad avere interesse a essere in pochi sono i tassisti, che possono tenere alti (o per lo meno fermi) i prezzi e controllare i nuovi ingressi nel loro mercato.

Questo schema riguarda tutte le professioni e tantissime attività in Italia. Se è comprensibile che esista un sistema che valuti, giudichi e controlli le capacità di chi intende dedicarsi a una professione, non si capisce perché quella professione debba essere praticata da un numero predefinito di persone. Né si capisce perché queste persone abbiano il potere di decidere chi altro debba entrare a farne parte (notai, avvocati...), o in che punto della città gli iscritti debbano aprire il negozio (farmacisti).

In fondo il paradosso dei sistemi chiusi è tutto racchiuso in una domanda che ci siamo già posti: ma un tassista, quando paga la parcella dell'avvocato, è favorevole o contrario alle liberalizzazioni? E un avvocato, quando sale in taxi, è favorevole o contrario alle liberalizzazioni?

Bersani e i fiammiferi

Il ministro Bersani ha infranto alcune di queste regole con un decreto che ha scatenato molte polemiche, e che ha provocato la rivolta delle categorie interessate.

Il governo è intervenuto sulle libere professioni, sul commercio, sulle farmacie, sui taxi, rimuovendo alcune barriere che favorivano la rendita di posizione dei professionisti, per esempio decidendo l'abolizione delle tariffe minime degli avvocati, o la rimozione del divieto che vigeva per i professionisti di pattuire compensi parametrati al raggiungimento degli obiettivi perseguiti, o ancora la rimozione del divieto, per i supermercati, di vendere i farmaci cosiddetti «da banco».

Questi (e altri ancora che non è questa la sede per elencare) sono importanti interventi su singoli e significativi aspetti dei monopoli affrontati, ma per la politica resta difficilissimo abbattere in toto le barriere che le professioni hanno innalzato intorno al loro ricco orticello.

In base a un'indagine della Commissione europea su sei categorie (avvocati, notai, ingegneri, architetti, farmacisti e commercialisti), solo la Grecia è messa peggio di noi in Europa. La concorrenza tra i vari appartenenti alle categorie in questione è libera in Irlanda, Gran Bretagna, Danimarca e Finlandia. Così così la Francia, solo quint'ultima (e comunque meglio di noi) la Germania. Ovviamente nei Paesi meno chiusi le parcelle sono anche le più basse. Il rapporto di Bruxelles fa il punto sui cinque tipi di restrizioni: tariffe obbligatorie, prezzi raccomandati, regolamenti pubblicitari, accesso alla professione e diritti riservati e, infine, regolamenti per la creazione di aziende e studi multidisciplinari. La Commissione sottolinea come l'Italia abbia solo avviato un dibattito sulla riforma delle professioni ma, pur avendo da tempo espresso una volontà in tal senso, non ha mai varato alcun atto concreto. Il rapporto è del 2005, e intanto qualcosa, come abbiamo detto, è cambiato, ma è certo che la politica italiana ha mostrato più volte di temere le liberalizzazioni.

Professioni, farmacie, taxi, assicurazioni, energia, comunicazioni, sono tutti settori caratterizzati da posizioni più o meno dominanti. Su alcuni di questi settori la Cdl non è intervenuta, su alcuni è intervenuta cambiando poco o niente (le banche), su alcuni ha peggiorato le cose (tv e telecomunicazioni). I primi segnali dati dall'Unione sembrano positivi, ma vedremo se il governo reggerà l'impatto delle lobby nei prossimi mesi. Se così non sarà, c'è chi inizia a ventilare l'arma finale. L'Autorità garante della concorrenza e del mercato (almeno in linea teorica) potrebbe dare un'interpretazione estensiva del proprio ruolo e diventare un soggetto molto più attivo di quanto non sia.

Due anni fa la Corte di Giustizia europea deliberò che le autorità Antitrust nei singoli Stati possono disapplicare le leggi nazionali che siano in contrasto con gli articoli 81 e 82 del trattato di Roma. Secondo la Corte, infatti: «Il principio del primato del diritto comunitario esige che sia disapplicata qualsiasi disposizione della legislazione nazionale in contrasto con una norma comunitaria, indipendentemente dal fatto che sia anteriore o posteriore a quest'ultima». Cosa dicono gli articoli 81 e 82? Il primo: «Sono incompatibili con il mercato comune e vietati tutti gli accordi tra imprese, tutte le decisioni di associazioni di imprese e tutte le pratiche concordate che possano pregiudicare il commercio tra Stati membri e che abbiano per oggetto e per effetto di impedire, restringere o falsare il gioco della concorrenza all'interno del mercato comune [...]». Il secondo: «È incompatibile con il mercato comune e vietato, nella misura in cui possa essere pregiudizievole al commercio tra Stati membri, lo sfruttamento abusivo da parte di una o più imprese di una posizione dominante sul mercato comune o su una parte sostanziale di questo». L'arma finale, dicevamo. Cosa succederebbe in Italia se divenissero nulli tutti gli accordi, tutte le leggi che hanno queste caratteristiche? Per ora grazie a questa sentenza abbiamo liberalizzato il prezzo dei... fiammiferi! All'origine della sentenza era infatti un ricorso presentato dal Consorzio italiano fiammiferi al Tar del Lazio contro una decisione dell'Autorità garante della concorrenza e del mercato italiana. Da una legge del 1923 il Cif veniva definito «consorzio obbligatorio e chiuso per la produzione e la vendita dei fiammiferi necessari al fabbisogno nazionale», e nella concezione iniziale il sistema del Cif prevedeva un prezzo di vendita dei fiammiferi determinato con provvedimento del ministero delle Finanze. L'Antitrust aveva contestato la posizione dominante del Cif sul mercato, e aveva ingiunto di porre fine ai comportamenti contestati. La Corte di Giustizia ha sentenziato: l'Antitrust, se si accorge di qualche regola che falsa il mercato, la può disapplicare. La violazione delle regole comunitarie di concorrenza è inammissibile, anche se è imposta da una legge statale.

E se fossero le Authority, alla fine, a intervenire là dove la politica ha paura di intervenire? La via giudiziaria alla concorrenza: in fondo non sarebbe una novità. La politica si è trovata più volte a osservare chi faceva le cose al posto suo. Volete un esempio? Anche due...

8
Le battaglie che crediamo di aver vinto

La lezione delle banche

Il colosso francese Bnp Paribas ha rilevato la Bnl con un'operazione del valore di 9 miliardi. In Banca d'Italia oramai non si fanno più questioni di passaporto, mentre gli spagnoli del Bbva – da dieci anni azionisti Bnl – sono orientati ad aderire all'offerta dei francesi portando a casa una lauta plusvalenza. Bnl sarà dunque assorbita da una grande banca europea. Peccato. È finito preda un istituto che poteva essere predatore.

Peccato che la Banca d'Italia abbia impedito per dieci anni agli spagnoli del Bbva di integrarsi con Bnl. Dieci anni fa la banca romana avrebbe potuto negoziare l'operazione su un piano di maggiore pariteticità, ma la Banca d'Italia ha preferito lasciarla nel suo splendido isolamento, difendendone l'italianità. Grazie all'impegno di Antonio Fazio, dal 1996 ad oggi, alla Bnl è stato impedito di finire in mani spagnole, di condurre in porto il matrimonio con il Banco di Napoli e l'Ina, di sposarsi con UniCredito. Oggi raccogliamo i frutti di quelle scelte, anche se è da registrare con soddisfazione il fatto che Bnl finisca all'interno di un istituto che sicuramente sarà un protagonista del mercato europeo nel prossimo decennio.

Occuparsi della Banca d'Italia dopo l'uscita di Antonio Fazio e l'ingresso di Mario Draghi aiuta a fare luce su una questione politica fondamentale: la coalizione di partiti che in dieci giorni ha scritto un decreto per impedire il passaggio di Rete 4 sul satellite, in tre anni non è riuscita a dare una risposta agli obbligazionisti Cirio e Parmalat.

È da registrare che Draghi, leggendo a maggio 2006 le prime Considerazioni Finali della sua carriera, ha rivolto un ringraziamento ad Antonio Fazio «non formale, per aver speso l'intera sua vita professionale al servizio di questa istituzione». Questa frase è stata accolta dal silenzio assoluto nella sala delle Considerazioni Finali, dove era presente il gotha finanziario e industriale del Paese. Marco Onado ha scritto sul "Sole 24 Ore" all'indomani della relazione, che le vicende del 2005 «dovrebbero essere meditate da tutti coloro che fino a dodici mesi fa assistevano in silenzio al coinvolgimento dell'autorità di vigilanza in irregolarità e comportamenti illeciti di ogni tipo. Fosse stato per loro, ieri avremmo assistito, in rito solenne e con tutti i furbetti in prima fila, a una compiaciuta celebrazione dell'italianità delle banche».

Eppure, mentre Fazio difendeva le banche sue amiche e ostacolava quelle che non si piegavano al suo disegno, il governo stava a guardare. Anzi, osservava compiaciuto. Incoraggiava, in molti casi, *apertis verbis*.

Il problema-Fazio era sotto gli occhi di tutti. La Banca d'Italia, fondata nel 1893, non funzionava più. Aveva servito egregiamente il Paese per decenni, ma non funzionava più nel mercato unico dell'euro. La politica non è stata in grado di arrivare a questa banale conclusione. Il dibattito, anche all'interno dei poli, è stato alimentato dalla battaglia tra i nemici di Fazio e gli amici di Fazio. Lo stesso sterile dibattito del 2004, quando le squadre erano formate dai fazisti contro i tremontisti.

Per anni si è assistito a un insolito accumularsi di potere nelle mani di chi il potere doveva perderlo: dopo l'avvio dell'euro furono tanti i commentatori che sottolinearono come andasse riformato il sistema bancario e creditizio, eppure la politica non si mosse. Negli ultimi tre anni, in particolare, la Casa delle Libertà ha discusso in modo infruttuoso delle sorti personali del dottor Fazio, mentre avrebbe dovuto discutere su come far funzionare l'Antitrust bancario. Avrebbe dovuto agire per evitare un bis di Cirio e Parmalat, per evitare cioè che i risparmiatori italiani fossero truffati di nuovo e per ottenere prezzi più bassi dei servizi bancari. Concorrenza e trasparenza: questo avrebbe dovuto essere l'obiettivo della politica nella riforma della Banca d'Italia. La stella polare del governo avrebbe dovuto essere il divieto assoluto alla Banca d'Italia di sostituirsi al mercato.

Nulla di tutto ciò si è verificato. Se non fossero intervenuti magistratura e giornalisti, i politici non avrebbero mai agito. Lo ha riconosciuto lo stesso Draghi, nelle sue prime Considerazioni Finali: «Volgeva al termine un periodo convulso di scandali, speculazioni, durante il quale era parso che il risparmio degli italiani, il destino di società rilevanti per l'economia nazionale fossero presa dell'arbitrio, delle trame di pochi individui». Ancora: «L'iniziativa della magistratura impediva il compiersi di queste trame. Si attende l'esito dei procedimenti giudiziari in corso. La Banca d'Italia, pur salva nell'integrità istituzionale della sua struttura di vigilanza, ne usciva ferita».

Tanti economisti e commentatori avevano denunciato la gestione Fazio sulle prime pagine dei giornali. Decine di articoli sulla stampa internazionale avevano spiegato all'opinione pubblica mondiale e agli investitori esteri che il mercato bancario italiano era una specie di recinto con un guar-

131

diano in grado di fare il bello e il cattivo tempo, senza rendere conto a nessuno se non a se stesso. Un danno gravissimo alla reputazione dell'Italia e della sua Banca Centrale: certamente una ferita, per usare le parole di Draghi. Perché la politica è rimasta per anni a guardare? Perché il parlamento non si è rivoltato contro un governo che difendeva chi danneggiava i consumatori? In un sistema democratico, in cui cioè si va al potere con il voto della maggioranza degli elettori, i governi rischiano grosso se si fanno «beccare» al servizio di una lobby, contro i consumatori: per questo ad esempio negli Stati Uniti dopo lo scandalo Enron governo e opposizione si sono precipitati a varare congiuntamente un pacchetto di riforme severissimo.

Guardiamo per un attimo a cosa hanno scritto i media internazionali dopo le dimissioni di Domenico Siniscalco, il secondo ministro dell'Economia che Berlusconi ha sacrificato sull'altare di Fazio. Ecco gli «attacchi» dei lanci delle principali agenzie internazionali comparsi sui monitor degli operatori nella notte tra il 21 e il 22 settembre 2005.

Reuters: «Il ministro italiano dell'Economia si è dimesso giovedì, ha detto il ministero, dando così un terribile colpo al litigioso governo del Primo ministro Silvio Berlusconi, a pochi mesi dalle elezioni che secondo i sondaggi saranno perse».

Dow Jones: «I tentativi di condurre riforme e il prestigio internazionale dell'Italia hanno sofferto un ulteriore colpo giovedì, quando il ministro dell'Economia Domenico Siniscalco si è dimesso dopo aver perso una battaglia di potere con il governatore della Banca d'Italia Antonio Fazio».

Bloomberg: «Il ministro dell'Economia italiano Domenico Siniscalco si è dimesso dopo aver fallito nel tentativo di convincere il governatore della Banca d'Italia Antonio Fazio a dimettersi, lasciando il governo senza una guida finanziaria (pochi) giorni prima della presentazione della Finanziaria».

Associated Press: «Il ministro dell'Economia italiano Domenico Siniscalco, che invano ha tentato di costringere alle dimissioni il governatore della Banca d'Italia a seguito di uno scandalo bancario, si è dimesso, ha detto un funzionario del ministero. La mossa costituisce un colpo inferto al governo del premier Silvio Berlusconi a meno di un anno dalle elezioni generali».

Agence France Press: «Il ministro dell'Economia italiano Domenico Siniscalco si è dimesso giovedì facendo scoppiare una crisi di governo sul governatore della Banca d'Italia, in mezzo a liti tra ministri su come varare una Finanziaria destinata a ridurre l'eccesso di spesa pubblica».

La scollatura tra politica e società, tra eletti ed elettori, in Italia è talmente profonda da consentire ai primi di giocare impunemente con i risparmi dei secondi?

Parrebbe proprio di sì.

La riforma della Banca d'Italia

La riforma della Banca d'Italia è stata scritta sotto pressione. Ci si è decisi quando lo scandalo aveva ormai travolto il sistema e quando ormai la legislatura era sostanzialmente conclusa. Il governo, guidato da chi per difendere Fazio aveva speso tutto lo spendibile, sostenuto da una maggioranza in gran parte riluttante (al netto di voci sostanzialmente isolate come quella di Bruno Tabacci), ma spinto dal ministro Tremonti che contro Fazio aveva perso in precedenza una durissima battaglia, è stato costretto ad agire sotto la spinta dell'emergenza.

Da anni economisti e commentatori avevano lanciato (invano) allarmi sulla gestione monocratica e opaca della Banca d'Italia. Il varo dell'euro (2001) aveva poi messo in evidenza l'inutilità di una ex Banca Centrale guidata da un governatore nominato a vita e posto a capo di un esercito di quasi 9000 dipendenti. Nulla di tutto ciò aveva indotto il Legislatore ad intervenire.

Sordo anche dopo gli scandali Cirio e Parmalat, il governo aveva lasciato che la situazione marcisse per arrivare infine ad una riforma che è solo un piccolo passo in avanti, ma nulla di più.

È stato infatti introdotto un termine di sette anni al mandato del governatore, una maggiore collegialità e trasparenza nei meccanismi decisionali, il passaggio della proprietà delle azioni della Banca d'Italia dalle banche allo Stato (con modalità e tempi da definire).

Questi tre punti sono effettivamente quello di cui i risparmiatori avevano bisogno.

Oggi il governatore di Bankitalia Mario Draghi, come i suoi colleghi in quasi tutto il mondo, opera sulla base di un mandato a termine non rinnovabile, con l'obbligo di consultarsi con il Direttorio (una sorta di «consiglio di amministrazione» della banca) e rendere periodicamente conto al parlamento delle decisioni assunte. Inoltre, si spera che prima o poi gli azionisti della Banca Centrale non saranno più i soggetti vigilati – le banche – ma sarà lo Stato.

Non deve però sorprendere, dato il modo in cui è nata la riforma, che manchi all'appello un punto fondamentale: la sottrazione alla Banca d'Italia delle competenze in materia di Antitrust bancario e il passaggio delle stesse all'autorità garante della concorrenza. L'anomalia rappresentata dall'assetto attuale è stata sottolineata a più riprese anche dagli osservatori internazionali: oggi, mentre lavoriamo su questo testo, il ministero dell'Economia prepara un decreto che (a quanto pare) lascerà all'Antitrust ogni competenza perlomeno in materia di fusioni.

È facile testare una riforma intervenuta dopo un incidente, basta chiedersi: l'incidente potrebbe avvenire di nuovo? La risposta è drammaticamente ambigua: dipende. Dipende dal comportamento del governatore.

Il potere dell'attuale governatore della Banca d'Italia deriva dal poter sommare in sé i poteri di sorveglianza e di controllo della concorrenza. Questo nodo è rimasto sostanzialmente irrisolto.

È stato sottolineato da più parti che Draghi è un banchiere autorevole, conosciuto dagli investitori internazionali, tecnicamente molto preparato. Ma le riforme non si ritagliano sulle persone: chi verrà dopo Draghi? Perché il buon funzionamento di un sistema sia garantito, sono le persone che devono calarsi nei ruoli istituzionali definiti dalle regole, e non viceversa.

Dunque, un piccolissimo passo in avanti è stato fatto. Ma il danno più grave prodotto dall'azione di Fazio non ha trovato correzione dalla riforma presentata. Il Legislatore, costretto dagli eventi, ha varato una riforma che lascia nella testa degli investitori esteri la convinzione che anche in futuro corrano il rischio di essere discriminati. Se questa impressione è stata in qualche modo contrastata, è stato grazie all'azione di Draghi (che peraltro è stato scelto da Berlusconi) e non certo grazie ai contenuti della riforma.

La battaglia dei codicilli

Il nuovo governo sembra aver recepito il nuovo indirizzo filo-mercato inaugurato da Draghi, e in attesa della riforma della riforma (che come detto dovrebbe consegnare all'Antitrust le competenze sul mercato bancario) ha varato alcune norme che dovrebbero tutelare maggiormente il consumatore. Analizziamo alcuni aspetti di questa normativa per testare quella che può essere la forza di impatto di un provvedimento di legge su rendite stratificate ormai da decenni.

Prendiamo l'abolizione del costo di chiusura di un conto corrente: in base a quanto stabilito dal governo, dal contratto firmato per aprire un conto in banca si potrà recedere a costo zero (e dai 34 euro di costo medio è un bel salto, anche se ormai la scelta di alcuni istituti di abolire i costi di chiusura aveva messo fuori dal mercato le banche che speravano di poter resistere).

Ma c'è un «ma». L'Associazione bancaria italiana ha già diffuso una circolare ai suoi associati in cui si spiega che «per spese di chiusura possono intendersi quelle strettamente inerenti alle attività di chiusura di rapporto e non quelle generate da ulteriori servizi richiesti a valle dalla chiusura del rapporto medesimo»: ad esempio, si potrebbe non pagare la chiusura del conto ma pagare di più il trasferimento da banca a banca.

Altro punto: d'ora in poi le banche dovranno comunicare il mutamento delle condizioni del contratto direttamente ai clienti, e questi ultimi potranno accettarlo o rifiutarlo, ma il mutamento potrà essere decretato unilateralmente dalle banche per «giustificato motivo». Una formulazione troppo vaga, senza dubbio. Ma era allo stesso tempo l'unica formulazione possibile, altrimenti il ministero dello Sviluppo si sarebbe dovuto sostituire alla scelta libera delle aziende. È evidente comunque che per gli uffici legali di queste ultime non sarà difficile trovare un'ampia gamma di motivi più che giustificati. Altro punto: il ritocco dei tassi da parte della Banca Centrale dovrà avere le sue conseguenze sui conti correnti «in modalità tali da non recare pregiudizio al cliente», formula che lascia intendere un preciso indirizzo politico, ma nulla più. Il Legislatore intendeva evitare che a ogni ritocco del costo del denaro si aprisse ulteriormente la forbice tra interessi attivi ed interessi passivi (tra quello che uno riceve e quello che uno paga alla banca), ma la realtà è che un decreto del ministero non può fare più di tanto, se non far capire agli operatori di un mercato chiuso che la musica è cambiata. L'unica legge che non si riesce ad aggirare è quella della concorrenza: solo un istituto che svolge un servizio a prezzi più convenienti degli altri riuscirà a costringere le altre banche ad uniformarsi al basso. Altrimenti ci sarà sempre una via d'uscita per i cartelli: un sistema chiuso è un affare troppo grosso perché ci si faccia spaventare da un semplice decreto.

Il più importante indice della Borsa italiana si chiama S&P/Mib ed è formato da 40 società, quelle cioè a più alta capitalizzazione che sono acquistate e vendute dai grossi investitori internazionali.

Non passa lo straniero

Finché c'è stato Fazio nessuna banca straniera ha comandato in Italia. Nessuna banca straniera ha potuto controllare un marchio italiano. E questo non è un buon segno: sareste contenti se poteste scegliere solo auto Fiat? Inoltre dire che le prime quattro banche francesi, spagnole o tedesche sono saldamente in mani francesi, spagnole o tedesche non è indicativo di alcunché. Magari la quinta banca in quei Paesi è straniera. O forse no. Al massimo ci viene il sospetto che anche quei mercati siano chiusi alla concorrenza. Se così fosse, ce ne rammaricheremmo pensando ai consumatori francesi, spagnoli o tedeschi. Ma sarebbe da stupidi imitare chi sbaglia.

Guido Rossi, intervistato da "il manifesto" (4 marzo 2006), dice: «I barbari? Sono gli stranieri. Ormai c'è la sindrome per l'invasione degli stranieri». «Se devo essere sincero» continua, «quando sento parlare di colonizzazione dell'Italia mi viene da ridere.»

Eppure la sindrome c'è, e non solo in Italia. Il presidente

dell'Antitrust Antonio Catricalà ha più volte denunciato il rischio di un nuovo protezionismo da parte dei nostri partner europei, ma la sindrome è planetaria. Alcuni politici americani hanno duramente attaccato un'offerta di acquisto avanzata dalla società di gestione delle attività portuali Dp World, perché proviene dagli Emirati Arabi Uniti; il governo francese ha ordinato una fusione tra Gaz de France e Suez per respingere un'offerta dell'Enel, perché italiana; il governo spagnolo si oppone all'offerta avanzata su Endesa da E.On, perché l'invasore è tedesco; i polacchi non vogliono vedere l'ingresso di UniCredito nel loro mercato, perché italiano; nella Corea del Sud i politici urlano contro investitori americani che comprano la compagnia dei tabacchi Kt&G; francesi e lussemburghesi hanno ostacolato il leader mondiale dell'acciaio, Mittal, perché indiano, impegnato nel tentativo di rilevare Arcelor.

Nella storia moderna abbiamo spesso visto come fasi di recessione economica abbiano indotto i governi a chiudersi a riccio, gli Stati ad adottare politiche aggressive all'esterno e protezionistiche nei confronti dell'industria nazionale. Sono reazioni spiegabili, che però rendono la situazione ancora peggiore: uccidono gli anticorpi del mercato e frenano la ripresa del ciclo economico. Aggravano la crisi e intensificano gli attriti tra Stati.

Il «patriottismo economico» rischia il più delle volte di essere uno strumento con cui la politica protegge interessi costituiti – la posizione di imprese «vicine» – e in genere danneggia gli interessi dei consumatori. Eppure si «vende» bene: anzi, in qualche caso fa conquistare voti. Funziona perché si basa su una teoria che è molto ben spendibile politicamente. Lo straniero – è il concetto – viene a fare affari in casa tua portando via parte della tua ricchezza: fermarlo è dunque nel tuo interesse. Questa teoria in realtà non ha alcun fondamento.

Se alcune imprese sono diventate prede significa che c'è qualcuno che è disposto a pagare per il 100 per cento del capitale (più un premio per il controllo), ritenendo di poterle gestire meglio e generare più profitto: vuol dire cioè che è possibile rilevarle per ridurre i costi dei beni e servizi prodotti. In genere (se sul mercato vigila una efficiente autorità Antitrust) i consumatori hanno tutto da guadagnare dal libero dispiegarsi di questo meccanismo selettivo, in cui i capitali corrono a rilevare imprese meno efficienti. Al contrario, i risultati ottenuti dalle imprese messe al riparo dalla concorrenza sono sotto gli occhi di tutti.

Del resto, quando voi scegliete tra più beni prodotti da aziende in competizione tra loro, quale criterio utilizzate? Immaginate di dover acquistare un telefonino o una macchina fotografica: guardate al prezzo, alla qualità e alle caratteristiche del prodotto, all'assistenza tecnica e alle garanzie offerte o piuttosto chiedete di che nazionalità è l'amministratore delegato dell'azienda che lo ha fabbricato? I correntisti della Barclays si fanno condizionare dalla presenza di un indiano nel consiglio di amministrazione della banca, o sono più sensibili alle condizioni offerte per la gestione del loro denaro? Gli abbonati a Tiscali potrebbero rivolgersi alla concorrenza se il loro provider finisse in mani molisane anziché sarde? È evidente che se i politici polacchi impedissero ai banchieri italiani di aprire filiali a Varsavia, i primi a essere danneggiati sarebbero i risparmiatori di Varsavia. L'idea che sia nell'interesse francese impedire a degli acciaieri indiani di produrre acciaio in Francia è assurda, a meno che non si consideri la proprietà di un'impresa come una forma di sfruttamento. Ma allora domandiamoci: soffrono una forma particolare di sfruttamento gli inglesi a causa del fatto che luce e acqua a Londra sono gestite dai francesi di EdF e Suez? Sono forse appiedati a causa del fatto di aver venduto la loro industria dell'auto a stranieri? O lo sono gli spagnoli? I tedeschi non hanno petrolio, dal momento che non hanno una grande compagnia petrolifera nazionale? Il punto è che EdF e Suez, quando illuminano le case degli inglesi, devono sottostare alle norme del sistema inglese, in libera competizione con altre *utilities*, inglesi o straniere, che tentano di sottrar loro clienti con proposte migliori. La legge e lo Stato sono sovrani e arbitri. Ma il campo è aperto per tutti, i consumatori scelgono quel che più loro aggrada.

Giuseppe Recchi, presidente della General Electric in Italia, ha scritto una lettera al "Corriere della Sera" in cui ricorda come Ge acquistò la Nuovo Pignone nel 1994. «Nel 1994 molti gridarono all'invasione e al rischio di perdita del know how, mentre Ge, appurato l'alto livello di competenze della Nuovo Pignone nel costruire turbine e compressori, ha fatto dell'azienda fiorentina il proprio polo mondiale per le tecnologie dell'*oil & gas*. All'epoca fatturava circa 900 milioni di dollari, in poco più di dieci anni è arrivata a 4,2 miliardi di dollari, con aumento dell'occupazione e trasferimento nel nostro Paese di produzioni e ricerche prima svolte in altre parti del mondo.» Cosa sarebbe successo se Nuovo Pignone fosse stata protetta dai barbari di Ge?

La storia insegna che le economie più aperte e concorrenziali registrano tassi di crescita più sostenuti e tassi di disoccupazione più bassi. Funzionano meglio.

Per tornare alle nostre banche, Mario Draghi al Forex di Cagliari ha chiarito: «I costi di un possibile protezionismo che porti ad assetti normativi peggiori degli attuali, probabile in condizioni di radicale diversità normativa, non sono meno elevati. Questa involuzione deve essere evitata. Auspichiamo che prevalga uno spirito razionale e costruttivo e che la parità regolamentare nei mercati finanziari dell'Unione Europea ritrovi rapidamente l'interesse dei capi di Stato e di governo e dei ministri finanziari dell'Unione nelle loro deliberazioni collettive».

Le banche, ha detto Draghi all'assemblea dell'Associazione Bancaria Italiana, devono scuotersi dalla loro «inerzia strategica», altrimenti l'opportunità di creare attori europei «va lasciata agli operatori esteri». E la fusione tra Intesa e San Paolo sembra rispondere a questo input.

Paese	Costi
Italia	252
Germania	223
Svizzera	159
Norvegia	131
Usa	126
Media	**108**
Spagna	108
Slovacchia	106
Polonia	101
Francia	99
Portogallo	99
Canada	93
Austria	93
Repubblica Ceca	83
Australia	81
Svezia	80
Inghilterra	64
Belgio	63
Cina	54
Olanda	34

Fonte: Ansa

Ma sia chiaro: gli stranieri non sono un fine, sono un mezzo. Non c'è alcuna differenza a versare i propri soldi in un conto gestito da italiani, da tedeschi, da olandesi o da francesi. A meno che, certo, ognuno di loro non ti attiri a sé proponendoti un servizio più conveniente...

Ecco una tabella con il confronto tra i costi bancari nel 2005 messo a punto dalla Cap Gemini (in euro).

La lezione del calcio

C'è di buono che i monopoli sono in qualche modo legati l'uno all'altro. Ne cade uno e qualche tempo dopo, caso strano, ne cade subito un altro.

Pochi mesi dopo che le indagini su Fazio e Fiorani hanno portato al collasso il sistema che si reggeva attorno al governatore di Bankitalia, è toccato al mondo del calcio. Come nel caso del Credito, anche nell'universo calcio le caratteristiche di un sistema chiuso gestito da due (al massimo tre) oligarchi sono sempre state evidenti a tutti, alla luce del sole.

Al momento di scrivere questo libro la giustizia sportiva ha emesso la sentenza definitiva sulla cosiddetta «Calciopoli», mentre si aspettano ancora le decisioni della giustizia ordinaria. Di certo è stato lo scandalo più grande della storia di questo sport, che ha portato a essere interrogati o indagati dirigenti e presidenti di club, arbitri, giornalisti, finanzieri, giocatori, giudici. Le contestatissime intercettazioni disposte dalla magistratura hanno portato alla luce una fitta rete di rapporti che ha falsato la regolarità del campionato 2004-2005 e, più in generale, condizionato l'intero sistema del calcio professionistico italiano.

Ma perché è stata ordita una truffa del genere? A scopo di lucro, essenzialmente, perché nel calcio girano tantissimi soldi, anche se, a giudicare dai bilanci delle società, nel calcio i soldi non si fanno: si perdono.

Il punto è che non bisogna fidarsi delle apparenze. I motivi per cui ci si compra una squadra sono diversi: i presidenti di società, ad esempio, hanno vantaggi dal punto di vista fiscale, perché le perdite sono utilizzate per pagare meno tasse sugli utili della propria società in altri settori, e poi perché attraverso gli acquisti di calciatori si può evadere con una certa facilità. Entrando nel mondo del calcio si ottiene poi una forte visibilità, si riesce a veicolare il consenso, a frequentare persone importanti... Insomma: il calcio dà potere.

Negli ultimi anni (mentre scoppiavano e venivano subito dopo dimenticati scandali su passaporti falsi, doping, bilanci truccati, calendari rivisti, partite comprate, club retrocessi, arbitri venduti) Juventus e Milan hanno vinto 12 degli ultimi 14 campionati (al netto delle sentenze della giustizia sportiva). Vincere lo scudetto ha significato per loro la partecipazione alla Champion's League, essere trasmesse dalle tv di tutto il mondo, incassare milioni di euro dagli sponsor, aprirsi nuovi mercati conquistando nuovi tifosi, aumentare il proprio prestigio e il proprio valore finanziario.

Uno dei motivi è che le squadre sono (come è naturale) titolari dei diritti sulla propria immagine. Per essere trasmesse in televisione ottengono un compenso. Le squadre più importanti vengono pagate tantissimo, e tantissimo fanno guadagnare a chi manda in onda le loro partite. Un esempio? Il Milan che vende i diritti a Mediaset. Guadagna il Milan che vende, guadagna Mediaset che acquista. Ma non è solo questo il problema. Al vertice di questo sistema ci sono le stesse persone da anni.

Adriano Galliani è stato presidente e amministratore delegato del Milan, oltre che presidente della Lega Calcio (la Confindustria delle squadre italiane). Franco Carraro (già sindaco di Roma, ministro del Turismo, presidente del Coni, presidente della Lega, più volte presidente della stessa Federazione) è stato il presidente della Federcalcio, ma an-

che presidente di Mediocredito Centrale, braccio finanziario del gruppo Capitalia, protagonista del salvataggio di diverse squadre.

In questo panorama, il proprietario della squadra più volte campione d'Italia era anche il presidente del Consiglio,
nonché proprietario di Mediaset; quest'ultima (guidata dal
figlio del presidente) scommetteva sulla nuova frontiera del
calcio in tv, il digitale terrestre; e chi finanziava il digitale terrestre? Lo Stato, grazie ad una legge varata dal governo del
presidente del Consiglio. In questo sistema blindato tutto
veniva controllato, nulla poteva essere lasciato al caso: a evitare che la sorte facesse saltare i piani di tutti, a quanto pare,
pensava Luciano Moggi, che controllava il campionato, ridotto ormai a un buco con la televisione intorno.

Adesso facciamo mente locale su quello che è successo
con Calciopoli. Molti (se non tutti) i protagonisti di questa
truffa hanno lasciato il loro posto. Sono stati (o saranno) ra-
diati, allontanati dal mondo del pallone. Ma il sistema che li
ha prodotti è cambiato? Perché se non è cambiato, se tutto
rimarrà come prima, sarà solo questione di tempo, e qualcuno si riorganizzerà per sfruttare la gallina dalle uova d'o-
ro. Può essere sufficiente il fatto che si obblighi la Lega a
vendere collettivamente i diritti televisivi che le squadre prima trattavano individualmente? Difficile dirlo. Certo non
sono pochi i paralleli con la vicenda Bankitalia. Adesso via
Nazionale è in mano a Mario Draghi, e tutti siamo tran-
quilli. Ma se un giorno dovesse arrivare ai vertici della Banca Centrale una persona di cui sbagliamo a fidarci?

E se la stessa cosa succedesse nel calcio? Se non si disin-
nescano le trappole che lo hanno portato a chiudersi e a
mangiare se stesso, quelle trappole potranno tornare a scattare, anche tra dieci anni. Se non prima.

Se infatti il settore bancario è stato affidato ad una persona che dai giochi di Fazio era sempre stata fuori, la stessa

fortuna non ha avuto il mondo del calcio: il nuovo presidente della Lega, il successore di Adriano Galliani, si chiama Antonio Matarrese. Citiamo dal "Corriere della Sera": «Matarrese è stato presidente di Lega già ventiquattro anni fa, dall'82 all'87; tra Lega e Federazione ha gestito il calcio fino al '96, ancora due anni fa era vicepresidente di questa stessa Lega guidata da Galliani e nel consiglio esecutivo di una Federazione presieduta da Carraro. Il Male del calcio, se non lo ha fatto, lo ha visto passare tutto».[32]

La guerra finta

La politica non può essere ridotta ad un ufficio di selezione delle persone oneste. Il compito della politica non è (o per lo meno non è solo) scegliere persone affidabili che vadano a ricoprire incarichi che qualcun altro ha screditato. Il compito della politica è riformare i sistemi che non funzionano, renderli impermeabili e resistenti all'incapacità o alla disonestà delle singole persone.

I conti correnti italiani costano troppo perché le regole hanno permesso a Fazio di chiudere il sistema, non perché Fazio è stato governatore della Banca d'Italia. O almeno: non *solo* perché Fazio è stato governatore della Banca d'Italia.

Il calcio italiano è diventato una farsa perché le regole hanno permesso a tre persone di avere nelle proprie mani un potere immenso, non solo perché quelle persone erano Moggi, Carraro e Galliani.

La politica forte rende forte il sistema, non si limita ad affidarlo a qualcuno. La politica debole invece (la nostra) passa il tempo a dividersi tra chi difende il colpevole di turno e chi lo accusa. A ogni scandalo autorevoli quotidiani pubblicano editoriali che potrebbero essere stati scritti quindici anni fa (tanto che a firmarli, il più delle volte, sono le stesse persone di allora). Seguendo lo schema mentale di Tangentopoli, il Paese aggiunge il postfisso «poli» al tema del giorno e si divide: sanguinari attacchi all'indagato di turno si alternano a improbabili difese di gente pescata con le mani nel sacco. Eterni giustizialisti a priori ed eterni garantisti a priori si confrontano al bar, in ufficio, sui giornali, alla radio, in tv. In parlamento. I cronisti non devono neanche informarsi: al primo segnale di scandalo sanno già chi chiamare. Ormai un giustizialista è tale di qualsiasi cosa si parli (calcio, fisco, mafia, parcheggio in doppia fila), così come il garantista è tale qualsiasi prova sia a carico dell'indagato. «Che lavoro fai?» «Chiedo giustizia!» «Io no, io chiedo che non venga fatta!» «Piacere, vediamoci più spesso!» «Non ti preoccupare, non mancherà occasione.»

Scompare la differenza tra il ruolo della politica e quello della magistratura. Se la seconda infatti si deve occupare delle responsabilità individuali, la prima dovrebbe occuparsi del sistema di regole che ha permesso agli individui di delinquere, o di sbagliare. Le due categorie invece tendono a coincidere: tutto si riduce a dare un giudizio su questa o su quella persona, tanto che nei media scompare persino la differenza tra un cronista politico e uno di giudiziaria. Le compagini politiche candidano alle elezioni dei magistrati in quanto magistrati che hanno inquisito un tale, oppure degli inquisiti in quanto inquisiti dal magistrato che hanno candidato gli altri. La finta guerra tra sostenitori del signor indagato e sostenitori del signor giudice si scatena, e impedisce a tutti di pensare, e riformare.

In genere finisce che la politica reputa sostanzialmente colpevole l'indagato, e lo sostituisce. Il sistema rimane quello che era, arriva qualcun altro che commette lo stesso reato (o errore), la politica rivaluta l'indagato che aveva rimosso. Quest'ultimo, intanto, in genere è riuscito a cavarsela sfruttando i tempi lunghi della giustizia, e il suo reato (se c'è stato) è stato magari prescritto; sarà giusto, sarà sbagliato, ma la prescrizione suona all'orecchio dell'opinione pubblica come un'assoluzione. La storia finisce quindi in genere con il signor indagato che ritorna al proprio posto, o ad un posto più importante. E il sistema, nel frattempo, non è stato riformato.

Esageriamo? Ne riparliamo tra dieci anni, quando Moggi, intervistato, spiegherà a tutti perché il calcio è marcio. Fazio dove sarà? Meglio non chiederselo...

Questioni di strategia

9
Le grandi manovre

La crisi del gennaio 2006

Ricordate la cosiddetta «Rivoluzione arancione», quella che in Ucraina portò Victor Yushchenko a prendere il posto del presidente filo-russo contestato dalla piazza? Yushchenko aveva scelto di orbitare intorno all'Unione Europea rinnegando i rapporti che da sempre legavano Kiev a Mosca. Da subito Putin, che non è tipo da arrendersi facilmente, aveva deciso di fargliela pagare, e la monopolista russa Gazprom (che fornisce all'Ucraina praticamente tutto il gas di cui ha bisogno) aveva aumentato a dismisura il prezzo delle forniture. Le contestazioni di Yushchenko, poi le risposte di Putin, trascinarono le due nazioni in una crisi violenta, che si prolungò fino a quando la Gazprom annunciò la chiusura del gas per Kiev, il primo gennaio 2006. Era un inverno molto più rigido del solito, in Russia come in Ucraina e nel resto d'Europa. Il gas che dalla Russia arrivava alle nazioni dell'Unione passava proprio per l'Ucraina e, d'improvviso, cominciò ad arrivarne meno del necessario. Sarà stato perché lo drenava Kiev, sarà stato perché ne utilizzava di più Mosca, o sarà stato perché la sanzione contro

Yushchenko non poteva che colpire anche altre nazioni, sul tavolo del ministro italiano per le Attività produttive arrivò il dossier energia. L'Italia aveva la pelle d'oca: si stavano esaurendo gli stoccaggi, presto si sarebbe dovuto attingere alla riserva strategica, prepararsi a distaccare le centrali e predisporsi ai black-out a rotazione.

Il 19 gennaio 2006 si ebbe un calo del 12,2 per cento dell'afflusso del gas dalla Russia. Il giorno dopo le forniture dirette all'Europa continuarono a registrare flessioni, e nei giorni successivi la situazione non si normalizzò. Era il periodo più freddo dell'anno: il ministro delle Attività produttive inizialmente diede indicazione di non esportare energia elettrica, ma arrivò poi a staccare a turno i cosiddetti clienti interrompibili, cioè quelli che appunto pagano una bolletta ridotta ma si dicono da subito disponibili a all'interruzione del rifornimento in caso di crisi.

Il presidente dell'Autorità per l'energia elettrica e il gas si presentò alla Commissione Attività produttive della Camera, e dichiarò che «le attuali riserve strategiche si stanno rivelando insufficienti a sostenere adeguatamente la maggiore richiesta di gas stagionale [...] e tali risorse appaiono peraltro inadeguate a fronteggiare l'eventuale contemporaneità di un'emergenza climatica e una geopolitica». Il nodo del gas era arrivato al pettine della politica.

La nostra energia

L'Italia dipende per circa l'80 per cento del suo fabbisogno energetico dalle cosiddette fonti fossili (gas e petrolio, materia non rinnovabile, che quindi va continuamente riacquistata); il prezzo delle fonti fossili è in continuo aumento, e una dipendenza così marcata ha conseguenze molto pesanti per la nostra economia. Se aumenta il petrolio, aumenta anche il gas, costa di più l'energia, costano di più la bolletta e la produzione di beni, costano di più i beni, aumenta il costo della vita, perdono potere d'acquisto salari e stipendi.

Il gas per il nostro Paese è importantissimo. Ogni anno ce ne servono un'ottantina di miliardi di metri cubi destinati a produrre energia elettrica, a riscaldare le case, a mandare avanti le industrie e le città.

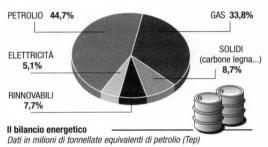

Il fabbisogno energetico italiano

PETROLIO **44,7%** GAS **33,8%**

ELETTRICITÀ **5,1%** SOLIDI (carbone legna...) **8,7%**

RINNOVABILI **7,7%**

Il bilancio energetico
Dati in milioni di tonnellate equivalenti di petrolio (Tep)

	Totale energia	Petrolio	Gas
● **Produzione**	*31,023*	5,445	10,693
● **Import**	***191,947***	107,804	56,024
● **Export**	*25,731*	25,016	0,326
● **Scorte**	*0,413*	0,276	-0,111
● **Consumi**	***196,826***	87,957	65,502

Fonte: Ministero per le Attività produttive, dati 2004

Nel 2005 abbiamo utilizzato gas per circa 85 miliardi di metri cubi: il 37 per cento della domanda di energia italiana. Di questi, solo 12 sono stati prodotti in Italia. Venticinque miliardi li abbiamo comprati dalla Russia, 13 miliardi da Norvegia e Olanda, 27 miliardi dall'Algeria, 8 miliardi dalla Libia. Il gas ci arriva attraverso quattro condotti principali: uno dalla Russia, uno dal Mare del Nord, uno (piccolo) dalla Libia e uno dall'Algeria. Chiudi uno di questi tubi, e l'Italia è nei guai. Se chiudi quello dalla Russia, l'Italia è più che nei guai: è alla canna del gas. D'altronde c'è poco da fare, in Italia il gas non c'è, e ci serve. Rimandiamo a dopo i discorsi di scenario (che non risolverebbero il problema nell'immediato ma solo in prospettiva) e ricordiamo comunque che siamo l'unico tra i grandi Paesi che non è voluto andare verso produzioni meno costose come il nucleare e il carbone, produzioni che nel complesso dei Paesi industrializzati contano per il 55 per cento del totale, con punte del 90-95 per cento in Paesi come la Francia. Nel Regno Unito, in Germania, in Giappone, in Spagna e negli Stati Uniti contano per oltre il 70 per cento della produzione. Noi possiamo contare sul carbone: la produzione nazionale da fonti rinnovabili (eolica e fotovoltaica, o di biomassa), è di appena 1,9 mld kw/h contro i 300 mld kw/h di energia prodotta complessivamente nel 2004. Irrilevante, oltre che costosa e, per motivi tecnici, inadeguata a molte delle nostre esigenze.

Il problema, a breve, è far arrivare più gas in Italia, se possibile pagandolo meno: dobbiamo solo inventarci un modo nuovo per importarlo, al fine di non dipendere esclusivamente dagli attuali fornitori.

Chi lo produce, chi lo consuma

I primi dieci produttori di gas		I primi dieci consumatori	
Russia	607,67	Stati Uniti	617,36
Stati Uniti	526,51	Russia	481,82
Canada	178,35	Regno Unito	104,27
Regno Unito	103,65	Germania	93,20
Algeria	95,12	Canada	92,47
Norvegia	84,96	Iran	86,61
Indonesia	82,76	Italia	85,05
Iran	81,99	Giappone	82,32
Olanda	74,20	Ucraina	68,62
Arabia Saudita	63,99	Arabia Saudita	63,95

Da "Specchio", 2 settembre 2006

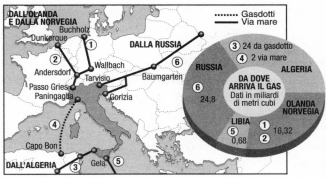

Da "Specchio", 2 settembre 2006

I rigassificatori

La provenienza del gas è sempre e comunque legata alla disponibilità di infrastrutture: se cambi fornitore devi anche cambiare mezzo di trasporto. Il modo di creare un'alternativa ai quattro tubi di cui sopra, infatti, esiste: trasportare il gas, invece che via terra attraverso i tubi, via mare.

Per essere spostato via acqua il gas viene reso liquido e «imbottigliato» dentro navi speciali che, una volta attraccate al porto di destinazione, lo versano dentro ai cosiddetti «rigassificatori»: questi ultimi lo ritrasformano in gas, pronto per essere utilizzato. Un percorso comodo, molto diffuso, che presenta un unico problema: bisogna costruire vicino ai porti di attracco i rigassificatori, impianti che non hanno certo un leggero impatto ambientale. Il gas è sempre gas, almeno potenzialmente è esplosivo, e la normativa europea definisce gli impianti «a rischio di incidente rilevante»; va messo inoltre in conto un incessante andirivieni delle navi, con conseguente inquinamento, sia atmosferico che delle acque.

Il rigassificatore può essere *on shore* – ovvero a terra – oppure *off shore* – su nave o piattaforma – in ogni caso si deve trovare vicino alla costa. Il metano, conservato nelle navi a

155

160 gradi sotto zero, viene scaldato nell'impianto in modo da farlo tornare allo stato gassoso, e infine viene immesso nella rete di condutture. Ogni metro cubo di metano liquido diventa 600 metri cubi di gas. In Giappone, Paese a elevato rischio sismico, troviamo 24 terminali, negli Usa se ne stanno progettando 55. In Spagna ce ne sono sei: due sono in costruzione, quattro (di cui uno a Barcellona, città turistica) sono attualmente operativi. In Italia funziona solo il piccolo rigassificatore di La Spezia, gli altri sono in fase di studio o in attesa di autorizzazione. Se tutti questi progetti venissero realizzati, l'Italia raddoppierebbe la disponibilità attuale di metano: se oggi per noi il metano ha un'importanza pari a 100, domani potrebbe averla pari a 50.

Se consideriamo che un rigassificatore può essere costruito in un anno e mezzo o due, ci rendiamo conto di quanto sia a portata di mano la soluzione del problema gas. Anche perché, in attesa di risolvere il problema, noi l'energia la paghiamo più di tutti gli altri.

La costruzione dei rigassificatori trova dure opposizioni dalle comunità locali: il gas piace a tutti, il rigassificatore non piace a nessuno. Fatelo, ma non da me, non qui. Gli anglosassoni parlano di sindrome di *nimby: not in my back yard* (non nel mio cortile). È una sindrome diffusa in tutto il mondo, non è tipica degli italiani, è conosciuta da tutti gli operatori del settore, e si è imparato ormai ovunque (a quanto pare tranne che in Italia) ad aggirarla.

Ma il caso del gas è doppiamente interessante, perché porta al pettine due tipici nodi strutturali della nostra economia: l'incapacità di risolvere il fenomeno nimby, ma anche la persistente dipendenza dai monopoli. Secondo la nostra Autorità garante della concorrenza e del mercato, i quattro tubi di cui abbiamo parlato potrebbero (se appositamente modificati) far entrare molto più gas in Italia: ma se ne entrasse di più, per forza di cose, costerebbe di meno. Chi ci rimetterebbe? L'Eni, la stessa che dovrebbe «sbottigliare» i tubi in modo da garantirne l'ampliamento. L'Eni, in sostanza, dovrebbe farsi concorrenza da sola, oppure dovrebbe cedere spontaneamente la proprietà dei tubi. Forse le stiamo chiedendo un po' troppo.

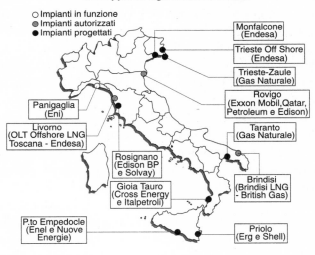

La mappa dei rigassificatori italiani

○ Impianti in funzione
◉ Impianti autorizzati
● Impianti progettati

Monfalcone (Endesa)

Trieste Off Shore (Endesa)

Trieste-Zaule (Gas Naturale)

Panigaglia (Eni)

Rovigo (Exxon Mobil,Qatar, Petroleum e Edison)

Livorno (OLT Offshore LNG Toscana - Endesa)

Taranto (Gas Naturale)

Rosignano (Edison BP e Solvay)

Gioia Tauro (Cross Energy e Italpetroli)

Brindisi (Brindisi LNG - British Gas)

P.to Empedocle (Enel e Nuove Energie)

Priolo (Erg e Shell)

Da "Specchio", 2 settembre 2006

Il nimby

La via dove abito, a Roma, si è mobilitata contro un fioraio che espone la sua merce sul marciapiede. A dire dei condomini che su quel marciapiede si affacciano, la bancarella rovina l'immagine dell'isolato. Hanno indubbiamente ragione: l'impatto ambientale è elevato, la bancarella stona col contesto, occupa il marciapiede e i fiori secchi sporcano la strada, ma il punto è: quanto bisogno hanno di un fioraio gli abitanti di quell'isolato? Quale offesa all'ambiente sono in grado di sopportare in cambio del servizio offerto? Secondo me, ad esempio, il fioraio è comodissimo, perché è sempre aperto e se devi portare una pianta o un mazzo di fiori a chi ti ha invitato a cena lo puoi acquistare anche uscendo di casa all'ultimo momento. Come me la pensano sicuramente in tanti. Dei servizi del fioraio usufruiscono infatti anche gli altri abitanti del quartiere, quelli che non soffrono di alcun danno (estetico o di altro genere) dalla presenza della bancarella. Cosa sono disposti a offrire, loro, per pagare il sacrificio di chi rinuncia a una bella vista sul marciapiede?

Prima di far spostare il fiorario, io (e ho una finestra che dà sulla sua bancarella) ci penserei due volte: magari dalla sua presenza posso guadagnare qualcosa (oltre, naturalmente, alla comodità di avere i fiori a portata di mano).

È ovvio che la disposizione urbanistica di un quartiere non è mercanteggiabile dagli inquilini di un palazzo, ma questo semplice esempio ci tornerà utile tra poco. Quindi, per il momento, prendiamolo per buono e mettiamolo da parte.

In Italia sono state osteggiate infrastrutture e opere di ogni tipo: termocombustori, elettrodotti, centrali termoelettriche, depositi nucleari, discariche, ma anche autostrade, ponti e ferrovie. Il Nimby Forum[33] ha calcolato che sono 104 i grandi cantieri contrastati dalle popolazioni locali: in ognuno di questi casi le comunità lamentano di non essere ascoltate o negano l'utilità delle stesse opere.

Le opere che incontrano il no dei cittadini sono:

Termovalorizzatori	36 per cento
Produzione energia	22 per cento
Discariche rifiuti urbani e trattamento rifiuti	20 per cento
Infrastrutture	13 per cento

Elettrodotti	6 per cento
Altro	3 per cento

Fonte: dati nimby

Non vogliamo qui discutere se le popolazioni locali abbiano torto o ragione: ognuno di questi casi ha la sua storia, e non si può generalizzare. Si può però cercare di trovare una strategia di soluzione di un problema che da sempre accompagna la messa in cantiere delle opere pubbliche.

Cosa dovrebbe accadere, e spesso accade nel resto del mondo, quando si deve costruire un'infrastruttura di forte impatto ambientale? Prima se ne studiano la fattibilità, l'importanza, l'effettiva necessità, viene esclusa qualsiasi conseguenza sulla salute delle popolazioni locali, poi si inizia a negoziare. Si tratta. Vengono offerte «compensazioni» alle popolazioni locali.

La compensazione è il risultato di una negoziazione tra chi propone l'opera e le rappresentanze delle popolazioni locali. È lo strumento di concertazione con il quale chi deve eseguire l'opera e chi quest'opera deve accettarla trovano un modo per collaborare, assicurandosi vantaggi reciproci. Ad esempio la comunità locale può essere convinta ad accettare l'opera in cambio della costruzione di una piscina, di uno stadio, di qualsiasi servizio possa essere utile a quella collettività. A pagare le spese della compensazione è nella generalità dei casi la società che propone l'opera. La compensazione è stata usata anche in Italia, in genere per opere di cui non si è sentito discutere a livello nazionale: quando si progettò il tratto dell'Alta Velocità tra Bologna e Firenze, dopo le proteste iniziali partì una seria negoziazione. A Brescia, grazie al termovalorizzatore, in molti hanno ottenuto in cambio acqua calda e riscaldamento gratis. A Modugno, la Edison ha negoziato la costruzione di una centrale elettrica distribuendo calore per le serre che producono rose. Naturalmente la negoziazione deve partire in anticipo, perché quando i lavori per l'opera prendono il via la struttura deve essere già stata accettata dalla collettività, che la deve conoscere e sentire sua. Altrimenti si va alla guerra, come è accaduto per la Tav in Val di Susa.

Il binario dello scontro

Il progetto Tav Torino-Lione si compone di tre parti. Quella al centro dell'attenzione è solo una la cosiddetta tratta di valico o parte comune italo-francese, di 79,5 km. Quasi interamente in galleria (64 km), collegherebbe St. Jean de Maurienne in Francia e Bussoleno in Piemonte. In queste due località vi sarebbe la connessione con la linea storica, almeno finché le tratte tra Bussoleno e Torino e tra St. Jean e Lione non saranno completate.

Su questi 80 chilometri scarsi si è scatenata la più grande (ed evitabile) battaglia di principio degli ultimi tempi. Roba da far impallidire il referendum sull'articolo 18.

Su questa linea ferroviaria si sono addensati tutti gli errori che potevano essere fatti dalle parti in gioco: ha sbagliato lo sbagliabile chi voleva che fosse costruita la linea, ha sbagliato lo sbagliabile chi non voleva che fosse costruita, ed ha sbagliato lo sbagliabile, infine, l'opinione pubblica che non si è accorta che sulla vicenda della Tav in tanti soffiavano sul fuoco per mettersi in mostra.

Siamo tutti d'accordo: binari, dighe, rigassificatori, moli, centrali elettriche, viadotti, tunnel, tralicci e tubature sono brutti, costano molto, rovinano il paesaggio e qualche volta inquinano l'ambiente. Non ci piacciono.

Però tutti vogliamo treni veloci e puntuali, energia a basso prezzo, forniture tempestive di merci, strade comode e senza ingorghi. Chi di noi non ha protestato quando il suo treno è stato cancellato, o quando è rimasto per ore incolonnato per andare al mare o in montagna?

È il nimby al contrario: quando tarda il mio treno, voglio l'alta velocità solo a casa mia. È però vero che spesso Grandi Opere che hanno deturpato il paesaggio e inquinato l'ambiente si sono rivelate inutili, o addirittura dannose, per il sistema economico: non mancano i casi di cattedrali nel deserto, di fiaschi tipo il tunnel sotto la Manica, di fiaschi potenziali come il ponte sullo Stretto. Devastazioni ambientali, miliardi di euro buttati al vento, la beffa che si aggiunge al danno.

È evidente che esistono forti interessi economici che tendono a realizzare opere anche laddove sarebbero inutili (o addirittura dannose). È dunque doveroso che ogni progetto passi seri controlli: quando però ogni tipo di iter autorizzativo è concluso con successo, l'opera si deve fare.

In Val di Susa, nell'inverno a cavallo tra il 2005 ed il 2006, la realizzazione di una tratta dell'Alta Velocità ferroviaria è diventata un problema di ordine pubblico.

Questa vicenda è emblematica di come non si debba condurre un'operazione del genere. Spiega come non far accettare un'infrastruttura dalla popolazione locale, evidenzia come una questione locale possa essere sfruttata a livello nazionale dalla cattiva politica. La storia di una mancata negoziazione diventa l'occasione per dividere il Paese tra chi «vuole le Grandi Opere» e chi «non vuole le Grandi Opere», come se sulle infrastrutture si potesse dare (o negare) un sì di massima, senza una valutazione della situazione specifica. Sulla Tav la politica italiana ha fatto quello che fa di solito quando non riesce ad affrontare i problemi specifici: si divide in due squadre e si scontra sulla teoria, anche quando la maggioranza dei contendenti è d'accordo sulla pratica.

A eccezione di parte della sinistra radicale, a livello nazionale tutte le forze politiche volevano che in Val di Susa passasse il treno ad Alta Velocità; il governo di centrodestra era compatto nel voler dare il via all'opera; la Regione era favorevole all'apertura dei cantieri, cui si opponevano solo piccole comunità locali. Le diverse verifiche sanitarie svolte autorizzavano il via libera ai lavori: con una volontà diffusa del genere, organizzando a tempo debito la negoziazione, non ci sarebbero dovuti essere problemi. Invece alle 3.30 del 12 dicembre 2005, la polizia caricò con i manganelli i manifestanti per far sfollare l'area dei lavori: naturalmente, dal giorno dopo, di lavori non si sentì più parlare.

Ed è un peccato. Perché, in Italia, i lavori che riescono a partire sono pochi; quelli che riescono ad arrivare a compimento sono pochissimi.

10
Chiacchiere e distintivi

Dalla lavagna alla pratica

Le opere pubbliche sono quanto di più concreto possa organizzare la politica. Teoricamente se ne conoscono il giorno di inizio, lo stato di attuazione (ben visibile), il responsabile dello stato dei lavori. Questo solo teoricamente. In realtà le opere pubbliche sono un fantasma. La maggior parte dei cantieri resta aperta per decenni, di molte opere non si sa neanche più a cosa dovrebbero servire, i costi sono infiniti e sulle responsabilità... meglio lasciar perdere. Ci sono opere incompiute che sono state inaugurate anche dieci volte.

La storia recente delle infrastrutture italiane inizia negli studi di *Porta a Porta*, quando Silvio Berlusconi sigla il famoso *Contratto con gli italiani*. Punto 5: «Apertura dei cantieri per almeno il 40 per cento degli investimenti previsti dal "Piano decennale per le Grandi Opere" considerate di emergenza e comprendenti strade, autostrade, metropolitane, ferrovie, reti idriche e opere idro-geologiche per la difesa dalle alluvioni».

Ecco il Piano:

1) Introduzione di un nuovo, fondamentale, strumento legislativo (la «Legge obiettivo») che permetta di superare la

palude burocratica che blocca tutti i progetti per la realizzazione di nuove opere pubbliche.

Ricorso alla cosiddetta «finanza di progetto» al fine di raccogliere capitali privati per il finanziamento di parte del costo delle opere. Ricorso, per le grandi infrastrutture, alla figura del *general contractor* e del *public advisor*.

Progettazione, finanziamento e realizzazione delle Grandi Opere. Il grado di urgenza delle opere è individuato con criteri di «emergenza», «criticità» e «priorità».

Segue l'elenco delle emergenze e delle criticità da avviare immediatamente e da realizzare nel prossimo decennio; le priorità sono comprese in un programma a medio e lungo termine e vengono indicate nelle Tavole pubblicate in Appendice al *Contratto*.

2) Sistema dei trasporti – Autostrade: Messina-Palermo, Catania-Siracusa-Gela, Salerno-Reggio Calabria, Reggio Calabria-Taranto-Lecce, Bari-Lecce, Cagliari-Sassari, raddoppio Bologna-Firenze, Parma-Verona, Milano-Brescia, Asti-Cuneo, Cecina-Civitavecchia, adeguamento traforo del Monte Bianco e traforo del Frejus, Traforo del Mercantour.

3) Sistema dei trasporti – Strade: Pedemontana veneta, Nodo di Mestre, Pedegronda lombarda, Nuova Romea (Venezia-Cesena), Maglie-Otranto, galleria di servizio Traforo Gran Sasso, nodo di Ancona, nodo di Genova, Variante di Caserta, Tangenziale di Napoli, adeguamento Sorrentina e SS 268 del Vesuvio.

4) Sistema dei trasporti – Ferrovie: estensione del sistema italiano Alta Capacità Napoli-Reggio Calabria, Messina-Palermo, Messina-Catania; realizzazione di tratte italiane di corridoi ferroviari transeuropei: tratta italiana corridoio Lione-Torino-Milano-Verona-Venezia-Trieste-Lubiana-Kiev con apertura del nuovo valico del Frejus; tratta italiana del corridoio Genova-Novara-Rotterdam con adeguamento del valico alpino del Sempione; tratta italiana del

corridoio Bologna-Verona-Innsbruck-Monaco con apertura del nuovo valico del Brennero; tratta ferroviaria Rieti-Passo Corese, Paola-Sibari-Taranto; corridoio ferroviario Verona-Parma e Fidenza-Parma-La Spezia.

5) Realizzazione nelle aree urbane di sistemi integrati per la mobilità che possano salvaguardare lo sviluppo, incidendo drasticamente su situazioni di crisi ambientali non più accettabili (qualità aria, incidentalità ecc.): metropolitane di Milano, Genova, Roma (linea C) e Napoli.

6) Sistema dei trasporti-porti. Realizzazione di impianti portuali e Hub portanti del sistema logistico delle merci via mare relativo ai porti di Civitavecchia, Napoli, Taranto, Gioia Tauro, Trieste e Palermo.

È crudele (ma tutt'altro che inutile) rileggere questo Piano, oggi che la coalizione politica che lo ha espresso ha perso le elezioni, oggi che l'Anas è sull'orlo del baratro e il governo pensa di aumentare i pedaggi autostradali per riuscire a tenere aperti almeno i cantieri più importanti. È incredibile pensare che di questo Piano si è tanto discusso, ci si è divisi tra chi lo riteneva un sogno irrealizzabile e chi ne sosteneva la fattibilità proprio mentre i bilanci Anas si inabissavano nel rosso più profondo. Sarebbe bastato dare un'occhiata alle tabelle delle Finanziarie che si sono succedute per archiviare l'argomento, mentre si sono passati cinque anni a manifestare pro o contro il ponte sullo Stretto, quando non si trovavano i soldi per coprire le buche sulla Salerno-Reggio Calabria.

Lo scontro di principio sul Ponte era perfetto per coprire la miseria della realtà: siete voi favorevoli o no alla Grande Opera per antonomasia? Siete di quelli che vogliono fare le cose o siete di quelli che dicono sempre no? Siete a favore del progresso o siete ambientalisti cronici? Uno scontro di principio tanto bello quanto inutile. Bastava chiedere un'intervista al presidente dell'Anas per togliersi ogni dubbio: non solo il Ponte era praticamente un modo di dire, ma rischiavano di saltare lavori molto meno impegnativi.

I dati e le chiacchiere

"Il Sole 24 Ore" del 13 ottobre 2005 scriveva: «Altro che piano stradale e accelerazione delle Grandi Opere: la Finanziaria mette in ginocchio l'Anas tagliando le risorse, mentre il presidente della Camera, Pierferdinando Casini, ha annunciato ieri sera che decadrà il decreto legge 163 che conteneva la riforma della società.

«Sulla Finanziaria, intanto, un documento riservato elaborato dal centro studi dell'Anas e inviato ai ministeri delle Infrastrutture e dell'Economia evidenzia il brusco rallentamento cui sarà sottoposta la società il prossimo anno se non sarà modificata la manovra all'esame del parlamento. Il tetto ai pagamenti posto dall'articolo 8 è il freno più brusco, perché incide pesantemente sulla cassa, ma non l'unico: 1 700 milioni contro i 3600 che l'Anas stimava di spendere ora che gli investimenti sono a regime. È andata addirittura peggio per lo specifico capitolo della Legge obiettivo, vale a dire per le Grandi Opere del «Piano Lunardi»: l'Anas aveva bisogno di 1,5 miliardi per finanziare, per esempio, i maxilotti della Salerno-Reggio Calabria. Niente da fare: l'ufficio studi stima che dei 2,2 miliardi previsti per la ricarica della Legge obiettivo (ma una parte andrà a Matteoli per le risorse idriche e la difesa ambientale), all'Anas non arriverà niente.

«[...] Le attese della società guidata da Vincenzo Pozzi sono andate completamente deluse. La società aveva chiesto 2,2 miliardi, ne incassa 400. Saranno ridimensionati i programmi di 1300 milioni per i nuovi investimenti, di 300 milioni per la manutenzione ordinaria, di 600 milioni per gli altri interventi. E proprio sulla manutenzione la situazione appare tragica perché il taglio investirà anche le manutenzioni ordinarie che vengono finanziate con i corrispettivi di servizi: i 235 milioni concessi serviranno a pagare gli stipendi, nulla di più».

Alessandro Arona, sempre su "Il Sole 24 Ore", scriveva qualche giorno prima: «L'attuale governo ha puntato molto sulla realizzazione delle grandi reti infrastrutturali, ma i fondi stanziati dalle varie Finanziarie sono sempre stati inferiori a quanto necessario secondo il ministro Lunardi: un miliardo a fronte di una richiesta di 7,5 con la Finanziaria 2005, 2,2 miliardi rispetto ai richiesti 8 quest'anno. Da oltre un anno Lunardi cerca di far avanzare i progetti rinviando all'ultimo momento il finanziamento, ma ormai i nodi sono al pettine. Soltanto per le opere già approvate dal Cipe, su un costo totale di 69 miliardi di euro ne mancano ancora 28. Tra queste spiccano le due nuove tratte ad alta capacità ferroviaria Genova-Milano e Milano-Verona, per un costo totale di 9,5 miliardi, a cui si devono aggiungere la Verona-Padova e la Venezia-Trieste, per un totale di 18 miliardi. La copertura tramite indebitamento di Infrastrutture Spa non è più possibile da quando Eurostat, a maggio, ha imposto di considerare queste spese nel bilancio statale. Per completare la Torino-Milano-Napoli i soldi li troverà in qualche modo lo Stato, ma per le nuove tratte la soluzione è davvero difficile».[34]

Batteva l'Ansa l'11 ottobre: «Mancano all'appello oltre 34 miliardi di euro, pari al 49 per cento del costo complessivo delle opere infrastrutturali finora approvate dal Cipe nel quadro del programma della Legge obiettivo. Lo ha detto il presidente dell'Ance, Claudio De Albertis. Il Cipe ha approvato finora – ha detto De Albertis – 100 interventi per un valore complessivo di circa 70 miliardi di euro. In alcuni casi il Cipe ha approvato e finanziato solo una parte dell'intervento. In questo caso, l'entità degli interventi approvati si riduce a 51 miliardi e le necessità finanziarie a circa 16 miliardi, ovvero il 31 per cento del costo considerato. L'analisi dei bandi di gara effettuata dall'Ance evidenzia "un'articolazione del mercato fortemente orientato verso i grandi lavori. Ben il 27 per cento del valore dei bandi in gara nei primi 7 mesi dell'anno è concentrato su lavori di importo superiore a 100 milioni di euro", ha aggiunto il presidente dei costruttori sottolineando come ciò non si concilia con le caratteristiche strutturali del tessuto produttivo, composto per la gran parte di imprese di piccole dimensioni. Ben l'80 per cento delle imprese non artigiane ha fino a 5 addetti».

Scriveva "Italia Oggi" il 7 ottobre: «La mancanza di risorse aggiuntive alla Legge obiettivo del 2001 e i tagli ai Comuni operati con la Finanziaria appena varata mettono a dura prova il mercato delle costruzioni. Nel 2005 gli stanziamenti per la costruzione di opere pubbliche, infatti, sono notevolmente diminuiti passando dai 27 miliardi di euro del 2004 ai 25,5 miliardi di euro. E i tagli si sono subito tradotti in meno gare d'appalto per il settore edile, che nei primi otto mesi del 2005 ha fatto diminuire il valore di mercato del cemento armato di circa il 7,6 per cento, un calo che non si registrava dal 2001. Questo il panorama sul mercato delle costruzioni che emerge dal primo "Rapporto sul Cemento armato, mercato delle costruzioni ed economia italiana", realizzato dal Cresme (Centro ricerche economiche e sociologiche di mercato) e presentato ieri nel corso di un incontro che si è tenuto alla Casa dell'architettura a Roma».

"La Repubblica", 21 ottobre: «I lavori della Variante di valico non sono fermi solo nel versante toscano. Anche in Emilia le difficoltà finanziarie della ditta Fe.Ira che non riesce più a pagare dipendenti, fornitori e materiali bloccano il cantiere del lotto 12 che riguarda il tratto Poggiolino-Aglio.

La ditta dovrebbe incassare decine di milioni dall'Anas, che a sua volta non salda il debito per mancanza di risorse e tagli di finanziamenti statali. È questa la sorte di una delle più Grandi Opere pubbliche in corso di realizzazione avviate dal Governo (che domani sarà a Vaglia per festeggiare la fine degli scavi dell'Alta Velocità Bologna-Firenze)? Martedì Anas e Autostrade incontrano gli enti locali per affrontare la questione».

Ancora "la Repubblica", 20 ottobre: «Due lotti abbandonati, uno non ancora appaltato. Prima lavori a singhiozzo, ora blocco totale. Sono fermi i cantieri della Variante di valico nella zona di Barberino, proprio là dove il 2 marzo è prevista l'apertura del grande outlet del gruppo Fratini che porterà nuovo traffico in quel tratto. A sollevare il problema, ieri, è il consigliere provinciale Piero Giunti (Margherita), allertato dal collega di partito Alberto Lotti che è vicesindaco e assessore all'Ambiente a Barberino. "Il problema è gravissimo" dice Lotti, "perché la ditta Fe.Ira (formata dalle imprese Ferrari di Genova e Ira di Catania) a cui è affidata la realizzazione del nuovo casello, dello svincolo e del bypass per il Mugello affoga nelle difficoltà finanziarie. Sei mesi fa la Ferrari ha rilevato la ditta Costanzo, assumendone i debiti. In più sembra che l'Anas, per precedenti lavori che niente hanno a che fare con la Variante, debba un sacco di soldi a questa impresa." Si parla di decine di milioni di euro, contante vitale per Ferrari che potrebbe ricominciare a pagare fornitori, materiale e dipendenti e far ripartire il cantiere del lotto 12 Poggiolino-Aglio. "Ma anche il lotto 11 è stato fermato più volte" racconta Lotti "e il 13 Aglio-Barberino non è ancora appaltato. I ritardi si accumulano, siamo fuori dai tempi previsti di almeno 8 mesi nell'indifferenza generale". Martedì i sindaci di Barberino e Fiorenzuola, Provincia e Regione incontreranno Anas e Società autostrade. "Loro hanno creato questo pasticcio con capitolati d'appalto capestro e loro lo devono risolvere" dice Lotti. Erasmo D'Angelis della Margherita parla di "chiaro fallimento della politica del Governo che annuncia le Grandi Opere ma in Toscana non investe un soldo"».

Come è andata a finire

La Corte dei Conti ha consegnato al parlamento una relazione in cui si dice «seriamente perplessa» sulle modalità con cui sono state finanziate le leggi nella parte finale della legislatura 2001-2006. Scrive la magistratura contabile: «Il metodo di copertura finanziaria più utilizzato è la riduzione di precedenti autorizzazioni di spesa. Ma lo spostamento di risorse da una finalità all'altra, anche se rientra a pieno titolo nella fisiologia del sistema, allo stesso tempo presuppone, oltre ovviamente ad una corretta quantificazione delle nuove esigenze e alla dimostrazione della disponibilità degli stanziamenti a cui si attinge, anche e soprattutto accurate indicazioni sui motivi di mancato utilizzo delle risorse per le finalità originarie». Secondo la Corte il Legislatore ha finito per prelevare risorse da fondi come quello per la protezione civile, o quello per gli interventi strutturali di politica economica, fino a quello per l'occupazione, fondi che «sembrano aver assunto la valenza di fondi di riserva», cambiando la funzione per cui erano stati creati. Particolare non irrilevante: le risorse venivano dirottate, ma la funzione per cui erano state stanziate rimaneva da assolvere. L'incidenza finanziaria di questo pacchetto di provvedimenti a copertura, diciamo così, creativa, secondo i giudici contabili, ammonta nel triennio 2006-2008 a circa 4,8 miliardi di euro. Se non ci trovassimo già nei guai per quel che riguarda i nostri conti pubblici, non si tratterebbe neanche di una cifra clamorosa. Il dramma è che questo flash ci fa capire un metodo, il metodo utilizzato per finanziare quello che non era finanziabile. Pensiamo al bilancio di una famiglia: hai messo via i soldi per riparare il tetto? Li spendi per le vacanze, ma a settembre ti trovi di nuovo ad affrontare il problema del tetto, e non hai più un euro.

Secondo la revisione del bilancio pubblico operata dalla commissione guidata da Riccardo Faini, e secondo il Cipe che ha fatto il punto sulla questione, le Grandi Opere annunciate da Berlusconi sarebbero senza copertura finanziaria per 115 miliardi di euro.

La guerra finta

Alle volte gli equivoci nascono perché non ci si intende sul significato delle parole. Ad esempio: chi è un decisionista? Negli spot pubblicitari degli anni Ottanta il decisionista era un bell'uomo sulla quarantina, elegante, tonico, che, dopo aver ascoltato velocemente gli altri che discutevano intorno ad un tavolo ovale, batteva il pugno sul tavolo, scuoteva il ciuffo che gli cadeva sulla fronte e comunicava a tutti quello che si sarebbe dovuto fare. Un idealtipo ben vivo anche nel nostro modo di fare politica. La decisione è quella che bypassa le chiacchiere; decisionista è chi (invece di parlare) fa.

La famosa Legge obiettivo venne approvata dalla Cdl (assieme alla delibera Cipe che definiva l'elenco delle opere strategiche) appena diventata maggioranza nel Paese. Il governo la definì lo «strumento essenziale per il rilancio delle infrastrutture e delle cosiddette "Grandi Opere" [che] dovrebbe consentire di superare tutti gli ostacoli giuridici e, quindi, di realizzare concretamente e velocemente i progetti. Il Cipe è l'autorità unica competente "per sveltire l'approvazione dei progetti". Le opere previste dalla Legge obiettivo "saranno finanziate prevalentemente dal capitale e dall'iniziativa privata"».

Il pilastro della Legge obiettivo è il *general contractor*, il soggetto cioè che si assume la responsabilità complessiva di un progetto (anche se poi può siglare una serie di subcontratti) e che garantisce tempi e costi chiavi in mano. Un unico responsabile, che decide in libertà i modi, ma che risponde dei tempi e della bontà dell'opera al committente. Il *general contractor*: in teoria suonava bene, e già il fatto di parlare di opere pubbliche nella lingua della Thatcher faceva sperare in una svolta per le nostre infrastrutture. Una soluzione semplice, ma la complessità si è presa la sua rivincita. Partiamo da principio. Le opere pubbliche da fare le aveva disegnate Berlusconi alla lavagna, durante *Porta a Porta*. Erano quelle che lui riteneva utili, non si ha traccia degli studi che lo avessero ispirato, mentre sono molti gli studi che (successivamente all'intervista) hanno confermato le sue teorie. Primo errore del decisionismo all'italiana: lo studio dovrebbe precedere la decisione, non seguirla. In ogni caso, quei tratti di pennarello così netti e decisi, una volta portati sulla pelle del Paese si sono rivelati ben più incerti e tremolanti.

Innanzitutto perché andavano finanziati, e qui la questione è complessa. Si possono stanziare le risorse, ma stanziare i soldi non vuol dire averli in tasca, pronti da spendere. Le risorse vengono prima stanziate, poi vengono (eventualmente) erogate, quindi possono essere spese. Le notizie che leggiamo sui giornali riguardano in genere le somme stanziate (ovvero promesse), mentre nulla si sa della loro erogazione, né tanto meno si sa qualcosa della loro effettiva spesa. Un cantiere non vive di stanziamenti, vive di spesa; ne consegue che può fermarsi anche un cantiere la cui opera di interesse ha ottenuto gli stanziamenti.

Secondo errore del decisionismo all'italiana: si gioca sulla parole; si stanzia, ma non si spende.

Quando poi i soldi non si trovano, si ricorre alla finanza

creativa. Pensiamo al ponte sullo Stretto: era stata stanziata solo una quota per la sua realizzazione, poi il *general contractor* aveva pensato di indebitarsi con le banche usando come garanzia la futura spesa che per passare il Ponte avrebbero assicurato le Ferrovie dello Stato.

Le Fs intanto vedevano aumentare il proprio deficit, ma il *general contractor* aveva fatto un figurone, utilizzando una promessa per lavorare invece di «pescare soldi dalle tasche dei cittadini»: peccato che i soldi che le Ferrovie si impegnavano a versare fossero proprio soldi del contribuente, che così si sarebbe già impegnato a pagare il passaggio su un Ponte che non c'era. Per fortuna alla fine è intervenuta l'Unione Europea, e il gioco è saltato.

Ultima caratteristica del decisionista all'italiana, inaugura tantissimo. Volendo si può inaugurare qualsiasi cosa in ogni momento: la prima pietra, il primo casello, la prima colata di cemento e così via...

Un esempio: la Procura siciliana di Mistretta ha concluso le indagini preliminari sull'inaugurazione il 21 dicembre 2004 dell'autostrada Palermo-Messina, contestando agli otto tecnici che diedero il via libera all'inaugurazione del tratto i reati di attentato alla sicurezza stradale e falso in atto pubblico. Secondo i magistrati, pur di far tagliare il nastro all'allora presidente del Consiglio si passò sopra al fatto che i lavori non erano finiti, e che negli ultimi 41 chilometri consegnati agli automobilisti «non sussistevano i requisiti minimi di garanzia della sicurezza della circolazione».

Il nastro, davanti a 2500 invitati, sarebbe stato tagliato malgrado il rischio «di incidenti di vaste proporzioni» nelle gallerie, dove i tecnici della Procura hanno riscontrato l'assenza degli standard di sicurezza: sarebbero mancati gli areatori, sarebbero state ostruite le vie di fuga, addirittura sarebbero stati inattivi i semafori e i sistemi di telecontrollo. Le accuse andranno provate in dibattimento, ma certo è che chi voglia oggi percorrere l'autostrada Palermo-Messina deve prepararsi ad un'autentica gimkana tra i restringimenti di corsia per lavori in corso. Lavori che difficilmente potranno comunque recuperare lo svincolo di Furiano, unico esempio al mondo di rampa d'accesso in autostrada direttamente sulla corsia di sorpasso.

La ragione del fallimento della Legge obiettivo è nella sua stessa filosofia. Il vero nodo delle Grandi Opere non è arrivare a delle decisioni: quella è la parte più facile. Il punto è che bisogna arrivare a decisioni *condivise*: il problema non è fare una legge, ma costruire il consenso. Il problema non è prendere una decisione (o almeno non solo), ma raggiungere un risultato.

Tutte le opere danneggiano qualcuno, la bravura del politico sta nel rendere l'impatto minimo, e in ogni caso accettabile, magari compensandolo. La Legge obiettivo, scavalcando le discussioni e le valutazioni di impatto ambientale, ha esorcizzato il problema del consenso, ha centralizzato le decisioni sperando che questo rendesse l'opera più veloce. In realtà il decisionismo si è trasformato in un boomerang, perché la mancanza di consenso allunga i tempi.

Nel caso delle opere pubbliche la politica è rimasta vittima dell'immagine semplificata che ha offerto di se stessa. La politica delle decisioni è stata venduta in campagna elettorale come la politica di chi non ascolta gli altri, di chi non perde il proprio tempo tra i lacci e laccioli delle procedure democratiche. Risultato: un allungamento dei tempi e l'inefficacia delle decisioni prese. E sia chiaro, è troppo semplice imputare a Berlusconi la responsabilità di questa trasformazione. La lavagna disegnata in tv è solo l'offerta che consegue alla domanda di un Paese esasperato dalla lentezza e dai costi dei lavori in (eterno) corso.

La politica che scatta automaticamente a difesa delle istanze delle comunità locali e che si attesta aprioristicamente sulle posizioni di chi si oppone a una ferrovia come a un rigassificatore, è una politica che non ha imparato che le battaglie di principio sono (a volte) battaglie inutili. Di sicuro lo sono quando c'è la possibilità di misurarsi sui casi concreti, e quando le proprie posizioni possono essere negoziate. Pensateci: non è strano che a favore delle Grandi Opere siano sempre gli stessi partiti, e che contro le Grandi Opere siano sempre gli stessi partiti? Possibile che tutte le infrastrutture per alcuni siano da costruire, e per altri siano da non costruire? La politica ha organizzato una finta guerra sul tema dei lavori pubblici: chi dice sì e chi dice no. È una finta guerra comoda, una recita applauditissima che regala consensi ad una parte ed all'altra, un copione buono per mille palchi, una parte ormai mandata a memoria che può essere ripetuta in Calabria come in Piemonte, in Puglia come in Veneto, a seconda delle occasioni.

Sei di sinistra, ma di sinistra quella vera? L'Opera è un rischio. Sei della destra che sa fare gli affari? L'Opera va fatta, nonostante le opposizioni dei Verdi. Di quale opera si parla, in che contesto, con quali finalità? Particolari di cui la nostra politica sembra interessarsi sempre meno.

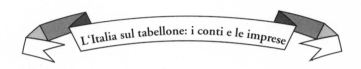

L'Italia sul tabellone: i conti e le imprese

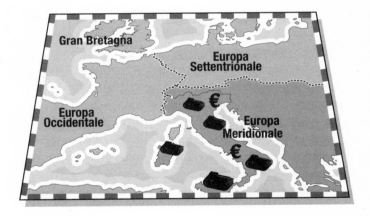

Gran Bretagna

Europa
Settentrionale

Europa
Occidentale

Europa
Meridionale

11
Il nemico Europa

Il Patto di stabilità

Il Patto di stabilità è un accordo tra i Paesi che hanno adottato l'euro, serve a dare forza e stabilità alla moneta unica, a evitare che la moneta perda valore danneggiando il potere di acquisto dei salari. L'accordo introduce limiti all'indebitamento dei governi: impedisce cioè che i singoli Stati spendano molto più di quanto incassano.

Consideriamo che ogni Stato fa il conto, anno per anno, di quanto guadagna e quanto spende: la differenza è il deficit. L'ammontare invece di tutti i soldi presi in prestito nella storia di un Paese (presi in prestito da investitori privati, pubblici, nazionali e stranieri) è il debito pubblico, in pratica la somma di tutti i deficit annuali. Gli economisti dicono che il debito pubblico è pari al valore nominale di tutte le passività accumulate dalle amministrazioni pubbliche, ed è costituito da biglietti, monete e depositi, titoli diversi dalle azioni e prestiti. In parole povere, il debito è la storia della nostra virtù. Testimonia quanto siamo stati in grado di vivere secondo le nostre possibilità.

Il resto va da sé: il Paese che riesce a spendere quanto

	Debito pubblico al 31.12.05	Pil
2002	1.367.001	105,5%
2003	1.392.112	104,3%
2004	1.442.392	103,9%
2005	1.508.176	106,4%

Fonte: Banca d'Italia, Relazione Annuale – Istat, Conti economici nazionali

incassa è un Paese virtuoso, così come è virtuoso un Paese che non venga travolto dai suoi debiti. Nel momento in cui i Paesi europei hanno deciso di unire le proprie monete nell'euro, si è cercato di individuare dei parametri comuni che assicurassero la virtù dei Paesi membri. Ci si è accordati su un deficit che corrispondesse al 3 per cento della ricchezza prodotta dal Paese stesso e su un debito che non superasse (o che per lo meno si orientasse verso) il 60 per cento della ricchezza prodotta. A fine anni Novanta l'Italia era riuscita a centrare il primo obiettivo, ed era riuscita a frenare la crescita del debito sino a farle invertire la direzione di marcia. Oggi come oggi siamo ben al di sopra del 3 per cento e il debito (superiore al 100 per cento del Pil) ha ripreso a salire. Ma qual è (se c'è) l'utilità di questi parametri?

Rating chi?

Torniamo alla giornata particolare da cui abbiamo iniziato. È il 3 febbraio 2006 quando l'agenzia di rating Moody's diffonde la sua valutazione: se Romano Prodi vincerà le elezioni ci saranno più possibilità, per l'Italia, di vedere varate le riforme che i mercati attendono, riforme che assicurino un equilibrio strutturale (che cioè venga raggiunto una volta per tutte) tra entrate ed uscite.

Scoppia la polemica: un'intrusione indebita nelle fac-

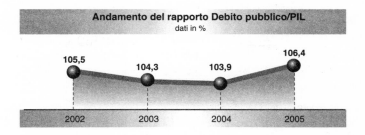

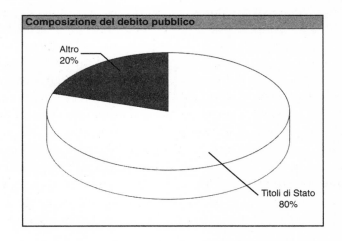

cende italiane per molti esponenti della Cdl, un riconosci-
mento al buon lavoro svolto da Prodi in Europa secondo
l'Unione. In verità, né l'uno né l'altro: Moody's ha solo fatto il suo lavoro.

Sara Bertin, vicepresidente dell'agenzia per la valutazione del credito, ha dovuto spiegare quel che dovrebbe essere
ovvio: nulla di personale, Moody's svolge analisi destinate ai
suoi clienti, gli investitori istituzionali di tutto il mondo,
che acquistano le sue analisi fatte per guidare le loro scelte
di investimento. Compro obbligazioni italiane (Bot, Btp,
Cct) che rendono X o compro obbligazioni malesi che rendono molto di più? Compro Italia o Francia, a parità di ren-

dimento? Ecco, il mestiere di Moody's consiste proprio nel delineare il profilo di rischio di un «emittente», in questo caso la Repubblica italiana, nel medio e lungo termine.

Le agenzie di rating forniscono una bussola ai capitali in cerca di opportunità di investimento e ne favoriscono una allocazione corretta: è evidente che possono sbagliare e dare indicazioni opposte alle tendenze in atto, ma non sono nemici dello Stato, non remano contro, non parteggiano per l'opposizione, non sono cialtroni, superficiali o inutili idioti.

Le tre principali agenzie internazionali sono Moody's, Standard & Poor's, Fitch. Le prime due sono americane, la terza è britannica. Il loro mestiere consiste nel valutare l'affidabilità finanziaria di un qualsiasi «emittente» titoli. Immaginate di voler investire un po' di soldi in obbligazioni, e che un vostro consulente vi suggerisca obbligazioni malesi: non sapete nulla di quel Paese e certamente vi farà comodo avere una «pagella» della sua affidabilità finanziaria, così potete farvi due conti e stabilire se il gioco vale la candela.

In altre parole, questi operatori dicono agli investitori quanto rischiano tutte le volte che comprano un titolo emesso, per esempio, da una società, da uno Stato, da una Regione o da un ente pubblico. Lo fanno in modo molto semplice e trasparente: danno un voto, più è basso il voto e più l'investitore deve stare attento perché maneggia azioni o obbligazioni a rischio elevato. Ad esempio, un Paese con un governo instabile, un debito molto elevato e forte disordine sociale avrà un voto molto più basso rispetto ad un altro che magari è più industrializzato, ricco, poco indebitato e guidato da un governo forte e con le idee chiare. Il voto massimo è di AAA, la famosa tripla A che indica una probabilità minima che l'emittente dei titoli non sia in grado di rimborsare le proprie obbligazioni una volta giunte a scadenza. Man mano che il voto si riduce, aumentano le probabilità di «default», cioè di fallimento dell'emittente che non è più in grado di fare fronte ai propri debiti e quindi dichiara che non rimborserà, o rimborserà soltanto in parte, i titoli messi in circolazione.

Paesi come gli Stati Uniti, la Svizzera o la Germania hanno la tripla A. Le obbligazioni emesse da quei governi sono ritenute molto sicure, ovvero secondo gli analisti delle agenzie di rating è minima la probabilità di un default di quei governi. L'Italia non ha la tripla A perché secondo quegli stessi analisti il debito accumulato negli anni dagli italiani è molto grande in rapporto alle dimensioni dell'economia del Paese, e quindi esistono maggiori (seppur molto basse) probabilità che l'Italia arrivi al punto di non poter più onorare le proprie obbligazioni, i Bot, Btp e Cct emessi dal Tesoro. Nessuna agenzia di rating sostiene che l'Italia è prossima al default, ma tutte avvertono che è necessario negli anni ridurre la tendenza del debito pubblico a crescere più velocemente del Pil, cioè della ricchezza nazionale: è infatti evidente che se il nostro debito corre più veloce del nostro reddito, arriveremo a un punto in cui il debito non sarà più rimborsabile. Accadrà forse tra dieci anni, tra venti o magari cinquanta. Ma accadrà. Ecco dunque che in questa situazione non è possibile assegnare all'Italia la tripla A e che anzi bisogna tenere sotto stretto controllo l'andamento dei conti pubblici per vedere se il punto di default si avvicina o si allontana, a seconda dell'efficacia delle politiche di bilancio messe in atto dal governo. Normalmente gli analisti delle agenzie di rating hanno incontri regolari con il ministro del Tesoro italiano e periodicamente stendono dei rapporti con le loro conclusioni, e li rendono pubblici.

I clienti delle agenzie di rating sono banche, assicurazioni, fondi pensione e aziende. Questi investitori sono molto sofisticati, amministrano il patrimonio dei loro clienti o investono direttamente i loro soldi, sono in grado di spostare miliardi e miliardi di euro da un Paese all'altro e da un mercato all'altro nel giro di pochi secondi e vogliono essere sicuri di minimizzare il rischio e massimizzare il profitto. Quando acquistano un'obbligazione o la propongono ai loro clienti, valutano il rendimento offerto dall'obbligazione alla luce del rating, elemento decisivo. Addirittura, molti grossi investitori internazionali si rifiutano di comprare titoli al di sotto di un certo livello di rating perché hanno una clientela poco propensa al rischio e preferiscono accontentarsi di rendimenti bassi ma sicuri. Per queste ragioni i ministri del Tesoro si affrettano a incontrare le agenzie di rating per illustrare loro le strategie che hanno in mente per mettere ordine nei conti pubblici: essi sanno che se le agenzie abbassano il voto assegnato al loro Paese, inevitabilmente molti investitori usciranno da determinati investimenti o chiederanno un rendimento più elevato per rimanervi. I mercati credono alle agenzie di rating perché sanno che esse operano in modo scientifico ed indipendente: questo non implica ovviamente l'infallibilità. I casi Cirio e Parmalat, per restare all'Italia, sono altrettanti esempi del fatto che le agenzie di rating possono sbagliare, o possono essere tenute all'oscuro di fatti gravissimi da amministratori che agiscano in modo criminale. Però nessuno dubita della loro buona fede.

Spesso gli analisti di queste agenzie danno notizie che non fanno piacere ai politici di Governo, segnalando un aumento del rischio di investimento in titoli italiani o addirittura abbassando il rating dell'Italia a seguito di lunghe e dettagliate indagini. Compiono sopralluoghi a Roma, incontrano ministri, banchieri, il governatore della Banca d'Italia e gli altri regolatori. E traggono le loro conclusioni.

L'Italia ha un debito di oltre 1500 miliardi di euro[35] che in buona parte è sottoscritto da investitori esteri che non conoscono molto bene il nostro Paese, e che quindi leggono le analisi di Moody's per farsi un giudizio. Moody's non ha interesse ad ingannare alcuno, né ha interesse a sposare tesi politiche di alcun colore, perché vuole avere molti clienti e vuole quindi che la sua reputazione internazionale non sia intaccata dal pregiudizio. Il mercato internazionale dei capitali non ha colore politico, segue unicamente la convenienza, mira al ritorno sull'investimento: se le obbligazioni sono emesse da un Governo di sinistra o di destra non interessa agli investitori, mentre tutti, ma proprio tutti, vogliono esser certi che le obbligazioni frutteranno gli interessi promessi e che il capitale sarà rimborsato a scadenza.

Moody's disse in piena campagna elettorale che era percezione diffusa sul mercato che un governo guidato da Romano Prodi avrebbe avuto maggiori *chances* di condurre in porto le riforme strutturali di cui l'Italia ha bisogno. Non ha molto senso chiedersi se la relativa fiducia dei mercati in Prodi fosse ben riposta o meno, tanto più che a breve otterremo la risposta al quesito. Si usa dire che i mercati hanno sempre ragione: quando il mercato si muove, lo fa sulla base di convincimenti che possono risultare sbagliati alla prova dei fatti, ma che tali sono al momento in cui guidano le scelte degli operatori. Spesso gli amministratori che vedono perdere valore alle azioni della società che guidano, affermano che la capacità dell'azienda di produrre reddito è superiore rispetto a quella riconosciuta dagli investitori. Naturalmente è possibile, ma (almeno nell'immediato) è irrilevante: il prezzo di Borsa è l'unica cosa che conta. Analogamente, il prezzo delle obbligazioni emesse dal Tesoro italiano, e quindi il tasso di interesse che noi dobbiamo pagare sui nostri debiti, viene determinato dalla percezione degli investitori, e questa percezione si forma anche sulla base delle analisi di agenzie come Moody's. Una forza politica responsabile dovrebbe domandarsi per quale ragione gli investitori non approvano il suo operato e dovrebbe sforzarsi di compiere scelte che attirino gli investimenti in Italia, o, se è convinta che il giudizio sia mal fondato, dovrebbe rendere note le ragioni utili a far cambiare idea ai mercati, evidentemente poco informati.

La polemica sull'inopportunità dell'analisi di Moody's è sterile. Inutile. Serve a far parlare i politici e a dividere gli italiani, non a cambiare il giudizio dei mercati.

Spesso la politica italiana assume, di fronte alle agenzie di rating, atteggiamenti riconducibili a tre filoni: 1) aggredire, insultare, sospettare gratuitamente di partigianeria il loro operato; 2) ignorare, ridicolizzare o snobbare le analisi che esse sfornano; 3) distorcere, falsare, strumentalizzare, forzare, estrapolare concetti contenuti nelle analisi svolte, al fine di trarne un vantaggio politico. Scontri tra politici e agenzie di rating non risultano negli altri Paesi industrializzati, mentre non mancano esempi in alcuni regimi del Terzo Mondo.

Molti elettori non conoscono queste agenzie (che rimangono pur sempre uno strumento estremamente tecnico utilizzato dagli investitori finanziari), e quindi cadono facilmente nelle trappole di cui sopra. Durante l'ultima campagna elettorale la terza agenzia nel mondo, Fitch, descrisse in diretta tv il desolante quadro dei conti pubblici italiani del dopo Berlusconi e fu contestata duramente dal presidente di Alleanza nazionale, Fini. Mentre un analista da Londra parlava di debito in crescita fuori controllo, avanzo primario azzerato, deficit ben oltre i limiti imposti da Maastricht, il leader di An urlava che Fitch non la conosceva nessuno e che l'analista non contava nulla, tant'è che non parlava neanche l'italiano. Probabilmente, fuori dal nostro Paese, furono in molti a notare l'atteggiamento del nostro ministro degli Esteri.

In Italia, invece, le squadre furono presto fatte: chi votava centrodestra pensò che Fini avesse fatto bene, chi votava centrosinistra che avesse fatto male. La destra con Fini, la sinistra contro: come se il responsabile della Farnesina (di destra o di sinistra che fosse) non fosse perlomeno tenuto a evitare di denigrare uno straniero perché anglofono, se non a riconoscere una agenzia di rating nota in tutto il mondo. Naturalmente Fini conosceva benissimo Fitch, e probabilmente sapeva pure che i conti pubblici italiani possono essere analizzati anche (se non soprattutto) da chi parla un'altra lingua; cercò però di delegittimare un economista che si mostrava critico nei confronti della sua parte, inserendolo a forza nei toni e nelle forme del dibattito politico italiano, che ormai prescindeva da qualunque dato di fatto e si limitava a riprodurre uno scontro superficiale e violento.

Fatto sta che presto i ruoli si sono invertiti: il neonato governo Prodi è stato subito bollato da diversi osservatori come espressione di una maggioranza troppo esile e composita per durare. Fitch è arrivata a prefigurare un declassamento del rating, il che vorrebbe dire un passaggio da AA ad A nel giro di qualche mese (declassamento che ci porterebbe ai livelli di Malesia e Grecia).[36]

Il ministro dell'Economia Tommaso Padoa-Schioppa, più esperto di Fini, si è limitato a commentare: «Faremo cambiare idea all'agenzia di rating».

Il debito, il deficit e i loro amici

Come quando si annuncia il brutto tempo, le onde che si increspano sono solo un segnale; ma se si è in mare aperto è meglio prestarvi attenzione. Non sappiamo con certezza se il maltempo investirà la nostra barca in pieno, ma nel dubbio è bene mettere tutto sotto coperta. Nell'ultimo periodo le Banche Centrali stanno operando dei piccoli ritocchi dei tassi di interesse: alzano il prezzo del denaro, rendono più costosi i prestiti di modo che non girino troppi soldi e non si scateni l'inflazione. I mercati internazionali sono per ora convinti che l'azione delle Banche Centrali e l'azione dei governi (che controllano l'andamento dei deficit pubblici) siano sufficienti, per entità e tempismo, a garantire prezzi stabili nel futuro, e le economie mostrano di non soffrire eccessivamente la congiuntura.

Se la manovra avrà successo, i tassi di interesse di lungo termine resteranno in prossimità dei livelli attuali: bassi. Pensate a un mutuo a 30 anni, oggi si ottiene al 6 per cento perché per ora gli investitori non temono un futuro con troppa inflazione. In caso contrario lo otterreste al 10 o al 12 o al 15 per cento, o a tassi ancora più esosi.

I tassi di interesse sono il primo indicatore per capire cosa ci aspetta in futuro: se in prospettiva salgono, vuol dire che, in futuro, sarà più difficile ottenere del denaro, e che se vorrai un prestito lo dovrai pagare caro (o, almeno, più caro di quanto non lo paghi ora). Ecco perché l'Italia cammina sul filo del rasoio: la riduzione della liquidità in circolazione imposta dalle Banche Centrali avrà come conseguenza immediata una maggiore selettività degli investimenti.

E se ci sono pochi soldi da investire e si diventa più selettivi... l'Italia rischia di rimetterci: non siamo infatti la prima scelta per un investitore.

In un contesto – quello attuale – di tassi crescenti e politiche monetarie meno accomodanti gli investitori fuggono verso la qualità, compiendo il percorso opposto a quello cui abbiamo assistito negli ultimi cinque anni, quando la caduta dei tassi aveva spinto gli investitori a ricercare il rendimento più che la qualità. In altri termini, quando i tassi puntano verso l'alto corro verso le obbligazioni tedesche, che mi danno più tranquillità insieme a un buon rendimento; mentre quando sono immobili e prossimi allo zero vado alla ricerca del rendimento più attraente, magari rischiando qualche acquisto di obbligazioni portoghesi o turche.

Il discorso è semplice, in fondo: immaginiamo un periodo in cui sono in tanti a chiedervi in prestito del denaro: ve lo chiede il vostro amico serio, quello che non ha mai mancato un appuntamento, che ha sempre onorato gli impegni, e ve lo chiede il vostro amico scapestrato, che si è sempre mangiato quel poco che aveva in tasca, quello che quando prende un impegno si dimentica di onorarlo e inventa scuse assurde. A chi date il denaro? Al primo dei due, senza dubbio, soprattutto se in quel momento il denaro vale tanto e gli interessi che vi dovrà corrispondere sono alti. Darete qualche soldo all'amico scapestrato solo se rischiate poco, se è un periodo in cui tutti gli affari che seguite vanno per il verso giusto, e vi affascina l'idea di rischiare qualcosa in più per fare un affare. La grande finanza è come quella piccola. La Germania è un amico affidabile per gli investitori esteri (quelli cioè che prestano i soldi), l'Italia è un amico scapestrato, pieno di debiti, che ogni tanto mostra di voler stare sulla retta via, ma ben presto si stanca e riprende a buttare i soldi.

In termini finanziari si dice che la fuga verso la qualità determina un'apertura degli *spread*, cioè della differenza di rendimento tra le obbligazioni emesse da Paesi stabili e virtuosi e le obbligazioni emesse da Paesi a rischio più elevato: purtroppo in Europa l'Italia è uno dei Paesi a maggiore rischio (come testimonia il nostro rating).

In tutti questi anni, dall'introduzione dell'euro in poi, lo *spread* dei titoli italiani è rimasto ridotto a pochi centesimi di punto rispetto ai titoli tedeschi, ma non sta scritto da nessuna parte che non possa tornare a dilatarsi, anche di molti punti. È ben presente nella mente degli economisti il rischio cui è esposta l'Italia in una fase in cui si sono affacciate preoccupazioni inflazionistiche e le banche centrali hanno ripreso ad agire sulla leva dei tassi con convinzione.

Il rischio che i Btp aprano gli *spread* rispetto alle obbligazioni tedesche o francesi è per ora soltanto teorico, ma non è campato per aria. Anzi, si stanno creando i presupposti per una correzione di questo tipo: inutile aggiungere che sarebbe addirittura controproducente intervenire a posteriori, nel tentativo cioè di fermare i mercati una volta scattata la fuga verso la qualità. Parliamo infatti di cifre e flussi di capitale di dimensioni tali che neppure tutte le Banche Centrali messe insieme riuscirebbero a contrastarle. Si potrebbero fare decine di esempi tratti dal passato per dimostrare che anzi, se le Banche Centrali si mettessero di traverso, la loro azione sarebbe un invito a nozze per la speculazione. Basterà ricordare che fine fece il tentativo delle Banche Centrali di sostenere la lira contro le spinte ribassiste degli speculatori negli anni Novanta. La banca che difende una economia può essere interpretata come un'ammissione di debolezza: se interviene l'Istituto centrale – pensano gli investitori – vuol dire che sono messi peggio di quel che pensavamo...

Condizioni ordinate sui mercati finanziari non sono un dato acquisito, ma un traguardo cui tendere eliminando i presupposti su cui si basano le operazioni speculative: gli squilibri finanziari. Essi possono rimanere ignorati per anni, ma ciò non significa che il pericolo sia scampato. La posizione finanziaria netta dell'Italia è fortemente squilibrata perché il debito è più grande del reddito di un anno, e soprattutto continua a crescere più velocemente del medesimo. Se ripartono i tassi di lungo termine, diventerà costosissimo invertirne la tendenza. Occorreranno mesi e anni, durante i quali milioni di famiglie avrebbero difficoltà a rimborsare i mutui a tasso variabile che sono stati contratti vantaggiosamente grazie all'introduzione dell'euro. In uno scenario del genere anche le imprese avrebbero difficoltà a estinguere i loro debiti.

Iniziamo col debito che abbiamo in comune e che tutti dobbiamo pagare, il debito pubblico.

Perché i tassi salgono?

Come dicevamo, in questo periodo si sta chiudendo un ciclo, e se ne sta aprendo un altro: i tassi salgono, è finita la pacchia, non sarà più tanto facile ottenere denaro in prestito. Per l'Italia non sarà un problema da poco, visto che la nostra economia corre meno rispetto alla media delle altre.

L'inflazione è definita dagli economisti come l'aumento continuo del livello generale dei prezzi determinato da un aumento della moneta in circolazione: alzare il prezzo della moneta vuol dire farne girare di meno, e quindi salvaguardarne il valore.

È la Banca Centrale Europea che rifinanzia settimanalmente il sistema europeo, ed è quindi la Bce che stabilisce il tasso al quale le banche possono avere soldi a prestito (il cosiddetto «costo del denaro»): il mercato (nell'immediato) adegua i tassi al nuovo livello deciso a Francoforte. L'Italia è solo uno dei Paesi della zona regolata dalla Bce, non è neppure il più grande: è il terzo. Non abbiamo molta inflazione, il Pil langue, ma la Bce deve tener conto anche di altre aree del continente dove i prezzi e la crescita rischiano di accelerare troppo, mettendo a rischio la stabilità della moneta. Francoforte alza i tassi perché la misura serve ad altri, mentre a noi rischia di rendere le cose più difficili: la Bce sarà inevitabilmente anche se involontariamente più «severa» con noi che con le altre maggiori economie dell'euro, come la Francia e la Germania. Ci viene infatti propinata la medicina per combattere il surriscaldamento dell'economia (alti tassi), perché altri si surriscaldano. Rischiamo di ammalarci ancora di più di recessione.

La manovra sui tassi assomiglia alla manovra di una gigantesca nave in un porto: la direzione impressa dalle eliche tarda a manifestarsi, ma poi ha un'incredibile forza d'inerzia. Va calcolata con largo anticipo, o ci si schianta sul molo. Questo per dire che l'aumento dei tassi non distruggerà certo l'economia italiana in ventiquattr'ore, ma produrrà effetti con cui dovremo fare i conti per anni, cominciando con il rispetto degli obiettivi di deficit e debito per quest'anno e l'anno prossimo.

Il debito privato

Gli italiani dei mutui in Ecu che qualche hanno fa finirono schiacciati dalla svalutazione della lira potrebbero essere molti di meno di quelli che in anni e mesi recenti hanno contrattato ingenti somme a tasso variabile. Negli ultimi anni il tasso variabile ha registrato un boom di sottoscrizioni per le condizioni stracciate offerte dal mercato: abbiamo visto come questa sia la causa principale della crescita dei prezzi delle case.

Se il ciclo restrittivo della Bce sarà prolungato, molti italiani rischiano di veder ridotto il loro tenore di vita a causa del maggior peso delle rate: consumeranno meno e ridimensioneranno le aspettative sul futuro. Queste persone vivranno inoltre in uno Stato meno propenso a spendere per loro, dato che il Tesoro dovrà finanziare maggiori oneri sul debito pubblico: gli italiani dovranno rinunciare a qualcosa, perché avranno meno reddito disponibile.

Alcuni di essi taglieranno il cinema, ma altri potrebbero non avere i soldi per pagare le rate anche dopo aver rinunciato al cinema: da un po' di tempo i quotidiani pubblicano liste di proposte di alcune banche su come ristrutturare i mutui. Non è un caso. Le banche già sanno che molti vorranno rinegoziare condizioni che potrebbero diventare insostenibili, e sanno che è molto meglio una gestione soft di queste situazioni piuttosto che preventivare tonnellate di contenziosi.

L'aumento dei tassi della Bce avrà un impatto sui consumi dei moltissimi italiani che in questi anni si sono indebitati a tassi variabili, spesso senza calcolare la sostenibilità del loro debito in condizioni meno favorevoli. Quindici anni fa i tassi sulla lira al 15 per cento non facevano danno alla ricchezza personale degli italiani perché all'epoca il risparmio finiva in Bot, ed i tassi alti erano una manna per tanti risparmiatori. Oggi, anni di stabilità monetaria hanno prodotto un cambiamento nella struttura dell'attivo di molte famiglie: i tassi alti possono diventare un pericolo per tutti quelli che hanno smesso di comprare Bot e sono corsi in banca a indebitarsi per comprare la prima, la seconda o la terza casa.

Perché in Italia, appena hai due euro, li investi in una casa. E questo non necessariamente è un bene...

Maledetta Europa

La risposta quindi alla domanda che ci ponevamo in precedenza, se fosse o non fosse utile rispettare i parametri di Maastricht, è come sempre complessa.

Tutte le regole sono un po' ottuse: esiste sempre un momento in cui vengono messe alla prova dall'imprevisto, e mostrano la corda. Ma le regole sono ottuse soprattutto se non vengono capite, se non ne viene compresa la ragion d'essere.

L'impressione è che non sia importante tanto mantenere il rapporto del 3 per cento in quanto 3 per cento, quanto piuttosto far vedere che si mantiene l'equilibrio concordato, che si tiene fede al patto stipulato, che si rispettano gli altri. La misura del 3 per cento sul Pil è la convenzione scelta in un dato momento storico; mostrarsi rispettosi dell'impegno preso, e chiarire in questo modo che si condivide la filosofia di rigore che è alla base della nascita dell'euro, è un comportamento che dà fiducia ai mercati.

Il parametro di Maastricht non è un vincolo economico, o perlomeno non è *solo* un vincolo economico: è più che altro un indirizzo politico fondamentale (l'unico che l'Europa sia riuscita a darsi) che assegna al rigore e alla virtù il ruolo di binario fondamentale su cui debbono correre le locomotive nazionali. Secondo chi ha firmato quel patto, spendere non più di quanto si incassa è sintomo di salute ed equilibrio; come dar loro torto?

Eppure il dibattito politico economico è centrato su alcuni *evergreen* che vengono tirati fuori ad arte quando c'è da dividere il Paese. Una questione complessa come quella del declino della nostra economia è stata spesso liquidata con le argomentazioni che vedono nell'euro e nel Patto di stabilità l'origine di buona parte (se non della totalità) dei nostri mali. A chi sostiene che lo sviluppo vada aiutato con la spesa pubblica in deficit, con buona pace del limite del 3 per cento al rapporto tra deficit e Pil, basterebbe ricordare che questa ricetta è già stata sperimentata nell'ultima legislatura: negli ultimi cinque anni è aumentato il deficit (quasi raddoppiato in proporzione al Pil), e questa strategia è stata giustificata con la necessità di sostenere la congiuntura. Dopo quattro anni di questa «cura», è esploso il deficit ma il Pil è rimasto sostanzialmente piatto. Quindi non è solo la logica a suggerire il rispetto dei parametri; è anche l'esperienza.

La vasca bucata

Immaginiamo una vasca da bagno bucata: non si riempirà mai, per quanta acqua vogliamo far scendere dal rubinetto.

L'acqua che scorre dal rubinetto sono le tasse che paghiamo. Ne dobbiamo pagare tante perché l'acqua non basta mai. Bisogna fare un'unica cosa: tappare il buco, con un'apposita operazione, ovvero con una riforma strutturale. Fino a che non lo facciamo, è inutile tagliare qua e là, risparmiare qua e là, tartassare qua e là. Chi è in difficoltà resterà in difficoltà anche aumentando la spesa, e chi invece non è nel bisogno potrà sempre dire che i soldi che gli chiede lo Stato sono soldi buttati.

D'altronde l'equazione «più spesa pubblica uguale maggiore tutela dei più poveri» è spesso data per scontata, ma non è vera. O meglio, non è necessariamente vera. Il sostegno alle fasce più deboli della popolazione è legato più alla qualità degli interventi che non alla loro quantità: aumentare la spesa in un sistema inefficiente può voler dire impoverire ulteriormente la collettività, non aiutarla.

Purtroppo la composizione della spesa pubblica italiana è tale per cui se non si incide su pensioni, sanità e pubblico impiego è impossibile quantificare risparmi significativi, ed in mancanza di un piano complessivo di riforma, tagliare le risorse a disposizione di queste aree può voler dire costringerle alla mera sopravvivenza. Un ministro dell'Interno, dopo aver ulteriormente ridotto gli stanziamenti per la benzina delle «pantere» della Polizia, confessava di guidare un sistema vicino ormai al collasso: pagare gli stipendi al personale era quasi l'unica cosa che poteva fare. Il sistema finanziava solo la sua esistenza, non più il proprio funzionamento. Il paradosso italiano: scegliere tra esistenza e inesistenza, non tra efficienza e inefficienza.

Questo argomento riguarda tutti i cittadini italiani, tutte le forze politiche, ma (come dicevamo) una volta individuato il baratro la politica si dispone da una parte e dall'altra del crepaccio, e comincia a litigare. Ogni anno, quale che sia il governo, quando si arriva a discutere la Legge finanziaria, si ripete lo stesso schema: la maggioranza (ripetiamo, quale che sia) si divide tra rigoristi e partito della spesa, mentre l'opposizione denuncia la macelleria sociale perpetrata dall'esecutivo. Il problema è invece sempre lo stesso per chiunque sia al governo: se vuoi far quadrare i conti devi ridurre le spese che si perdono in un sistema inefficiente e costoso, oppure devi alzare le tasse. Una terza via esiste: lavorare a una grande riforma che rimetta una volta per tutte in equilibrio il sistema, ma per fare questo ci vogliono tempo, pazienza, coraggio.

L'euro e l'export

L'euro forte, si dice, ha soffocato l'export. Le cose vanno male? Colpa della moneta unica e di chi l'ha fortemente voluta, accettando che l'Europa maligna imponesse regole che hanno strangolato la nostra impresa.

È vero invece il contrario, purtroppo. Il declino economico italiano c'è, ed è evidente nei numeri, ma la moneta unica e la disciplina di bilancio sono in realtà due argini che hanno impedito al declino di tramutarsi in deriva, e poi in tracollo.

La prima argomentazione di chi vede nell'euro l'origine dei mali della nostra industria ha il suo fondamento nel fatto che l'apprezzamento dell'euro aumenta il prezzo del «made in Italy» per chi compra i nostri prodotti fuori dall'Europa. Questo è vero, è indiscutibile.

Consideriamo che, rispetto alla parità dollaro/euro che fu fissata al momento del debutto dell'euro, la moneta unica europea ha registrato ad oggi un rialzo del 30-40 per cento. Per fare esempi pratici, i vestiti che vendiamo agli americani sono saliti del 40 per cento, ma la benzina che compriamo in Arabia ci costa il 40 per cento in meno: l'euro abbatte i costi delle importazioni in misura percentuale identica a quanto aumenta i prezzi delle esportazioni.

E non siamo un Paese che importa poco: noi compriamo petrolio, gas, carbone, acciaio, metalli preziosi e praticamente ogni altra materia prima.

Pensiamo al petrolio. La scarsità della materia, le continue tensioni in Medio Oriente, oltre alle speculazioni dei Paesi produttori, stanno facendo volare il prezzo al barile verso vette mai ipotizzate, che spaventano gli economisti e il mondo intero. Che fine faremmo senza l'euro?

Le imprese italiane ovviamente queste cose le sanno benissimo: una valuta più forte vuol dire avere l'occasione di fare profitto abbattendo i costi dei materiali importati. In condizioni ideali, quindi, le imprese che lavorano con l'euro forte possono fare due cose: lasciare i prezzi invariati, esportare meno ma con margini di profitto più elevati (dato il risparmio sulle materie prime); oppure possono tagliare i prezzi, conquistare quote di mercato e ridurre o mantenere invariati i margini di guadagno. Le imprese hanno bisogno di una moneta stabile e di tassi di interesse bassi per indebitarsi a costi convenienti: esattamente quello che hanno ottenuto con l'euro.

Una moneta stabile è d'altronde un presupposto di prosperità economica: una moneta stabile determina prezzi stabili, proprio quello di cui hanno bisogno decine di milioni di italiani per proteggere il potere d'acquisto del loro salario, la loro capacità di spendere e di risparmiare.

Ma se la colpa non è dell'euro, perché le nostre imprese segnano il passo?

12
Gli affari nostri

Il declino

Dopo la stagione delle privatizzazioni – negli anni Novanta – il sistema produttivo italiano si identifica principalmente con l'economia privata, e quindi lo stato di salute di quest'ultima può essere un buon termometro dello stato di salute generale del Paese.

Il nostro sistema economico sta attraversando una lunga fase di stagnazione: si produce poco, si fanno pochi soldi, si spende poco, si consuma poco. Questo non è solo un problema per gli economisti: significa che si viaggia poco, si legge poco, si va poco al cinema, si hanno tanti problemi, si ha poco entusiasmo nel fare le cose, si crede poco nel futuro, si investe poco in se stessi e negli altri. Questo stato di cose è testimoniato dalla totalità degli Istituti nazionali ed internazionali. Ocse, Bce, Fmi, Commissione Europea, Eurostat, Istat, Bankitalia, Istituti di ricerca pubblici e privati concordano la diagnosi. L'Italia è ferma, e lo è per una serie di cause strutturali: come a dire: non è un momento «no», non è una situazione dovuta a motivi contingenti, *una tantum*: è una situazione causata dalle caratteristiche più profonde della nostra economia e, in qualche misura, della nostra società.

Cosa dovrebbe fare, a questo punto, la buona politica? Individuare le cause strutturali di questo declino e rimuoverle. Sappiamo che intervenire sulla struttura di un Paese non è facile, spesso si vanno a toccare condizioni ormai croniche, stratificate, sulle quali si sono il più delle volte adagiati gruppi sociali che vivono di rendita o che in ogni caso temono il cambiamento. In teoria la politica dovrebbe raccogliere consenso intorno alle proposte di riforma: una coalizione che ha vinto le elezioni potrebbe mettersi ad esempio da subito al lavoro e intervenire sui nodi più antipatici, rischiando qualche punto percentuale di consenso nell'immediato ma proponendosi di raccogliere i frutti del proprio coraggio nel medio-lungo termine.

Questa è la teoria. Nella pratica, invece, ci si dedica spesso ad individuare cause esterne che spieghino perché le cose vanno male. Se il Paese è fermo la colpa può essere dell'euro, del Patto di Maastricht, della Cina, della globalizzazione, di qualsiasi cosa sulla quale sia impossibile intervenire, in modo da trovare un capro espiatorio e rimandare gli interventi impopolari sulle reali cause del disagio.

Da oltre un decennio il Prodotto Interno Lordo italiano cresce intorno a valori prossimi all'1 per cento. Quelli registrati negli ultimi dieci anni sono i tassi di sviluppo tra i più bassi dell'intera storia dell'Italia unita. In questo modo negli anni Novanta l'Italia ha accumulato un ritardo di crescita di circa 7 punti di Pil rispetto alle altre economie dell'area euro, e il ritardo è stato ben più pesante nei confronti di America e Asia. Tra la metà degli anni Novanta e il 2004 l'Italia ha ridotto la sua quota di mercato nel mondo, scendendo dal 4,6 per cento al 2,9 per cento (Francia e Germania, per afre un esempio, hanno nel frattempo incrementato i propri mercati). Nessun Paese del G7 ha subìto una contrazione tanto marcata.

Lo spettro della recessione è stato evitato perché l'economia mondiale ha conosciuto negli ultimi anni una crescita eccezionale, e in qualche modo di questa crescita ha goduto anche la nostra economia.

Nel decennio 1995-2004 la crescita del Costo del Lavoro per Unità di Prodotto (Clup) è aumentata in Italia del 20 per cento rispetto a una media del 12 per cento dell'area dell'euro e ciò – per la prima volta – più per effetto della bassa crescita della produttività che per eccessiva crescita dei salari. Il lavoro, insomma, è meno produttivo. Facendo le stesse cose, in altri posti sempre più numerosi si fa di più e meglio (magari a prezzi inferiori). La nostra produzione conviene meno di altre: sempre meno di sempre più altre.

Stimando a 100 la produttività per ora lavorata del nucleo storico dei Paesi dell'Unione Europea, si può dire che tra il 1993 e il 2003 la Germania è riuscita a mantenere i suoi buoni standard, passando dal 103,6 al 103,2. L'Italia è scesa dal 96,4 all'88,2, mentre tutti i principali Paesi (Francia, Inghilterra e Spagna) hanno aumentato la loro produttività.

La globalizzazione

Il problema è che ormai, nel mercato globale, si sopravvive con difficoltà. Da un punto di vista puramente economico la globalizzazione è un fenomeno che determina prezzi più bassi e maggiore scelta per i consumatori. Da un punto di vista politico, certo, è molto di più: è una tendenza culturale all'omogenizzazione, è la condanna per i lavoratori dei Paesi più poveri a prestare la loro opera in assenza di garanzie sociali, di sicurezza, di rispetto anche minimo dei diritti. Sempre dal punto di vista politico è anche occasione di crescita per i più poveri, occasione di contagio e contaminazione di culture, opportunità diffusa di maggior benessere. Il processo di globalizzazione è comunque complesso, magari gestibile, di certo irreversibile. Anche perché nella nostra vita quotidiana si mostra sotto una forma estremamente appetibile: la convenienza.

Immaginate la vostra vita senza globalizzazione: provate a eliminare tutto ciò che proviene dai mercati a basso costo. Eliminate computer cinesi, magliette thailandesi, tv, playstation e dvd, pupazzi e bambole per i vostri figli, occhiali, orologi e telefonini... Eliminate moto e auto giapponesi, coreane e, domani, cinesi o indiane; una volta terminata questa operazione, dite agli industriali italiani che avete deciso di eliminare il portato della globalizzazione e che d'ora in poi vi limiterete ad acquistare solo quello che produrranno loro, a qualsiasi prezzo. Gli industriali italiani, per essere coerenti con questa impostazione, rinunceranno a delocalizzare la produzione sui mercati a basso costo. Frigoriferi e televisori solo «made in Italy» e niente stabilimenti di produzione in Bulgaria, Romania, Polonia o India e Cina...

Se anche riusciste a pianificare e realizzare un'operazione del genere, pensateci bene: la vostra vita migliorerebbe?

La realtà è che, in termini puramente economici, la globalizzazione avvantaggia i consumatori ampliando la loro possibilità di scelta. Danneggia le posizioni di rendita, e condanna alla marginalità le aziende che non si trasformano velocemente.

Le aziende italiane non possono competere con i prezzi dei prodotti (ad esempio) cinesi. Devono inventarsi qualcosa di nuovo, devono battere la concorrenza infilzandola nel suo punto debole; nel caso dei cinesi, la bassa qualità del prodotto.

La globalizzazione comporta dolorose ristrutturazioni al termine delle quali i sistemi produttivi aumentano in efficienza e riducono i costi. L'Italia ha l'occasione di riconvertire la produzione verso beni ad alto valore aggiunto.

Chi scommette sulle nostre imprese?

Ricordate cosa dicevamo in merito all'importanza che avrebbe per le imprese italiane l'entrata in vigore della riforma del Tfr? Esiste una grande massa di risparmio che fatica a orientarsi verso l'industria e la produzione. I dati di Assogestioni aggiornati a ottobre 2005 ci dicono che, sul totale del patrimonio in gestione, i fondi azionari italiani investono il 21,5 per cento su aziende quotate italiane e il 76,2 per cento sull'azionariato estero, finanziando quindi lo sviluppo di Paesi nostri concorrenti.

Eppure con la riduzione dei tassi di interesse e le privatizzazioni avvenute in Italia negli ultimi dieci anni, il risparmio ha cominciato a defluire dal reddito fisso e dai titoli di Stato e ad orientarsi verso il mercato azionario. La capitalizzazione della Borsa italiana è passata dal 18,2 per cento del Pil del 1994 al 49,3 per cento del 2005, per un totale di 677 miliardi di euro. Ma questa indubbia crescita è stata sostanzialmente sostenuta dalla quotazione di aziende pubbliche: le società possedute dall'Iri, l'Eni, il sistema bancario, l'Enel, la cui vendita è servita in gran parte a sistemare le disastrate casse dello Stato.

Se vogliamo che vengano destinate più risorse allo sviluppo, è necessario far crescere la fiducia nelle aziende quotate e non. Ma le nostre aziende la fiducia se la devono meritare. Devono invogliare l'investitore a scommettere su di loro, devono dare l'idea di essere in grado di inventare, di essere in grado di primeggiare sui mercati affollati della globalizzazione.

E per far questo non basta certo una legge.

13
La nostra debolezza

Prede e predatori

Cosa farebbero i nostri politici nel caso in cui Total lancias-
se una scalata dell'Eni? Si darebbero la colpa l'un l'altro del
nanismo delle nostre imprese mentre l'Eni finisce in mani
francesi? Cosa farebbero se Deutsche Telekom mettesse le
mani su Telecom Italia? O Axa sulle Generali? Sono scenari
fantasiosi? Secondo dati raccolti da Massimo Mucchetti[37] le
società italiane che valgono più di 20 miliardi sono 7: Eni,
UniCredito, Enel, Telecom Italia, Generali, Banca Intesa,
San Paolo Imi.

Le ultime due adesso si sono unite, ma resta il fatto che
in Francia le over 20 sono 19, in Germania 13, nel Regno
Unito 27, in Spagna 9 e in Olanda 7. In questo momento
gli analisti ritengono che solo UniCredito sia al riparo da
occhi ostili (probabilmente adesso lo saranno anche Intesa e
San Paolo) perché ha recentemente effettuato una grossa ac-
quisizione in Germania e il prezzo delle sue azioni è molto
elevato, al punto tale da renderla un boccone indigesto.

Le altre società sono finora state «difese» dal governo,
dalla Banca d'Italia e da Mediobanca: il governo come azio-

nista di controllo in Eni ed Enel ha giocato un ruolo di custode della loro italianità, considerandole *asset* strategici; la Banca d'Italia, negli ultimi anni ha pilotato ogni singola operazione di aggregazione bancaria impedendo agli stranieri di entrare in Italia; e Mediobanca, grazie alla sua capacità di mobilitare la finanza italiana, ha finora funzionato da scudo per le società orbitanti nella sua sfera, a cominciare dalle Generali.

Questi tre presidi stanno perdendo il loro potere con l'apertura e la maturazione del mercato. Il nuovo governatore della Banca d'Italia, Mario Draghi, non usa i poteri di Vigilanza per favorire alleati o fermare avversari. Mediobanca non esercita più da qualche anno il suo ruolo di stanza di compensazione del capitalismo italiano ma, spinta dai suoi azionisti, è tornata a fare la *merchant bank*. Il governo, in linea con l'ordinamento e la prassi internazionali, ha sempre più teorizzato la neutralità dello Stato in materia di proprietà e di controllo delle aziende: è uscito da Telecom e Autostrade, è sempre più silente in Eni ed Enel, dove peraltro è sceso al livello di guardia del 30 per cento nell'azionariato. Il Tesoro agisce oggi come un «cassettista»: incassa i dividendi, ma perlopiù tace (tranne quando ci sono da rinnovare i vertici...).

I grandi gruppi italiani sono oggi, o saranno domani, prede perfette in Europa: non sono troppo grandi né troppo piccoli, nella maggior parte dei casi sono poco indebitati e le loro azioni non sono eccessivamente apprezzate.

Essere in Europa non comporta soltanto vantaggi: per giocare in serie A occorre una formazione all'altezza del campionato. Il più grande mercato unico del mondo, i benefici derivanti dall'utilizzo di una moneta forte e stabile, i bassi tassi di interesse e la difesa offerta dalla condivisione di istituzioni comuni devono andare di pari passo con la capacità di competere e di seguire un disegno di politica industriale coerente.

Ma per fare questo occorre gettare le basi. La capacità di competere è infatti legata a sistemi di istruzione in grado di sfornare idee, innovazione e tecnologia, in altre parole cervelli.

La competizione dei cervelli

Abbiamo un tasso di laureati tra i più bassi di Europa, perlopiù in facoltà che costruiscono profili professionali che il mercato non richiede. In Italia scontiamo un corto circuito tra scuola e mercato che determina un drammatico spreco di risorse intellettuali, troppo spesso indirizzate verso insegnamenti che non offriranno ai giovani valide prospettive di mercato.

Abbiamo bisogno di un numero maggiore di ingegneri, chimici, fisici, matematici, bio-ingegneri e abbiamo bisogno che le aziende, le università e i centri di ricerca siano in contatto costante per sincronizzare la domanda e l'offerta di risorse umane e intellettuali.

Il 75 per cento dei giovani europei che va negli Stati Uniti per fare un Ph.D. rimane a lavorare lì, determinando un impoverimento delle nostre società.

E ancora. I nostri imprenditori non solo stentano ad aprirsi al mercato e ad accogliere nuovi investitori, ma resistono anche all'idea di passare la mano ai loro figli. Nella piccola e media impresa un imprenditore su cinque ha più di 70 anni, uno su tre più di 60.

Non c'è dubbio che fattori esterni abbiano aggravato la situazione e che fattori esterni possano aiutarci a superarla, ma il rilancio della nostra economia non può che passare anche da una qualche forma di rigenerazione dell'intero sistema.

Secondo uno studio del Cerm,[37] L'Italia è, all'interno dei

Paesi Ocse, nel contempo quello che: 1) forma il minor numero di dottori di ricerca (se si escludono Turchia e Messico); 2) manifesta il più elevato «esodo» di capitale umano per motivi di «alta formazione» con successiva stabilizzazione all'estero; 3) fa registrare la più bassa presenza di capitale umano estero all'interno dei propri corsi di dottorato. Il deficit rispetto al resto del mondo industrializzato risulta ancora più grande se ci si concentra sulle materie scientifiche e tecnologiche, quelle di cui il nostro mercato avrebbe maggiormente bisogno.

Per di più, il sistema produttivo e il funzionamento del mercato del lavoro sembrano essersi adeguati alla scarsità di capitale umano di alto profilo: 1) la percentuale di ricercatori sugli occupati totali nelle imprese e al di fuori delle stesse (accademia e centri di ricerca) è in Italia la più bassa dell'area Ocse, ad esclusione della Turchia e del Messico; 2) le possibilità occupazionali diminuiscono in Italia con l'aumentare del livello di istruzione oltre quello secondario (unico caso assieme alla Turchia); 3) sul mercato del lavoro italiano l'apprezzamento della formazione è inferiore alla maggior parte dei Paesi Ocse, come testimoniato dalla ridotta differenza tra le retribuzioni medie ottenibili al variare del titolo di studio; 4) infine, l'Italia mostra, all'interno dei Paesi Ue, i più alti gradi di cattiva allocazione e un sottoutilizzo del patrimonio umano.

«Nel confronto internazionale» notano i ricercatori del Cerm «l'Italia appare concentrare su di sé una molteplicità di aspetti negativi, che inducono a far parlare di una sorta di equilibrio di "sottoccupazione tecnologica" o, più in generale, di "sottoccupazione di capitale umano"»; se non si interviene, questo equilibrio è destinato a relegare il Paese in posizioni «sempre più subalterne, prima sul piano economico-sociale e poi, come conseguenza, su quello politico.»

In base ai dati Ocse del 2002 analizzati dal Cerm, l'Italia

spende per l'istruzione il 4,5 per cento del Pil. Questa percentuale è di sette decimi di punto inferiore rispetto alla media Ocse (5,2 per cento). All'interno dei Paesi Ue 15, l'Italia si posiziona al di sopra soltanto di Spagna (4,4), Irlanda (4,3), Grecia (3,9). Il divario è particolarmente significativo rispetto alla Svezia (6,3), alla Danimarca (6,1), al Belgio (5,6). Il Regno Unito e gli Usa denotano un impegno finanziario complessivo pari rispettivamente a 5,4 e 6,7 per cento del Pil. Rispetto alla media Oecd, l'Italia mostra un minor impegno finanziario sia sul lato pubblico che su quello privato, e questo stato di fatto si ripresenta sia al livello di istruzione terziaria che ai livelli inferiori (vedi tabella riassuntiva nella pagina seguente).

L'Italia, conclude il Cerm, sembra «isolata» nel panorama dei Paesi Ocse: da un lato è destinata, in assenza di interventi rigeneratori, ad allontanarsi sempre più dal gruppo dei Paesi ad alto Pil pro capite, per i quali l'istruzione terziaria di base è già considerata bene primario, mentre la terziaria superiore è utilizzata sempre più come strumento di politica economica e industriale; dall'altro lato è votata a essere raggiunta, e superata dai Paesi in via di sviluppo. In pratica, sia chi sta meglio di noi, sia chi sta peggio sta investendo sulla formazione: i primi si allontaneranno così tanto da non vederci più, i secondi ci supereranno.

Se passiamo a esaminare la formazione «alta», il quadro peggiora. Nella tabella a pag. 211 sono riportati il numero dei titoli di dottore di ricerca rilasciati da istituzioni di ciascun Paese in rapporto alla densità della popolazione residente nel Paese. In gergo si chiama «tasso di graduazione lordo».

Nella tabella successiva, a pag. 212, invece, vengono riportate le percentuali di studenti stranieri che conseguono un Ph.D. L'Italia è l'ultima nella graduatoria di Paesi che ospitano ricercatori stranieri.

Spesa in istruzione – breakdown pubblico/privato in % del Pil (2002, 1995)

	Spesa pubblica in istruzione primaria, secondaria e post-secondaria non terziaria % Pil				Spesa pubblica in istruzione Terziaria % Pil				Tutti i livelli di istruzione
	2002			1995	2002			1995	2002
	Pubblica	Privata	Totale	Totale	Pubblica	Privata	Totale	Totale	Totale
Islanda	5,4	0,3	5,7	n.d.	1,0	0,0	1,1	n.d.	6,8
Stati Uniti	3,8	0,3	4,1	3,9	1,2	1,4	2,6	2,7	6,7
Nuova Zelanda	4,4	0,5	4,9	3,6	0,9	0,6	1,5	1,1	6,3
Svezia	4,6	0,0	4,6	4,2	1,6	0,2	1,8	1,6	6,3
Corea	3,3	0,9	4,1	n.d.	0,3	1,9	2,2	n.d.	6,3
Danimarca	4,1	0,1	4,2	4,0	1,9	0,0	1,9	1,6	6,1
Australia	3,6	0,7	4,2	3,9	0,8	0,8	1,6	1,7	5,9
Norvegia	4,2	0,0	4,3	4,3	1,4	0,1	1,5	1,7	5,7
Belgio	4,1	0,2	4,3	n.d.	1,2	0,1	1,4	n.d.	5,8
Finlandia	3,8	0,0	3,9	4,0	1,7	0,0	1,8	1,9	5,6
Polonia	4,0	0,1	4,1	3,6	1,1	0,5	1,5	0,8	5,6
Messico	3,5	0,7	4,1	4,0	1,0	0,4	1,4	1,1	5,5
Regno Unito	3,7	0,6	4,3	3,9	0,8	0,3	1,1	1,2	5,4
Francia	4,0	0,2	4,2	4,4	1,0	0,1	1,1	1,1	5,3
Portogallo	4,2	0,0	4,2	3,8	0,9	0,1	1,0	0,9	5,2
MEDIA OECD	3,6	0,3	3,8	n.d.	1,1	0,3	1,4	n.d.	5,2
Austria	3,7	0,1	3,8	4,2	1,1	0,0	1,1	1,2	4,9
Paesi Bassi	3,3	0,2	3,4	3,1	1,0	0,3	1,3	1,4	4,7
Germania	3,0	0,7	3,6	3,7	1,0	0,1	1,1	1,1	4,7
Svizzera	4,0	0,6	4,6	n.d.	1,4	n.d.	n.d.	n.d.	4,6
Ungheria	3,1	0,2	3,3	3,6	1,0	0,3	1,2	1,0	4,5
ITALIA	3,4	0,1	3,5	n.d.	0,8	0,2	0,9	0,8	4,5
Spagna	2,9	0,2	3,2	3,9	1,0	0,3	1,2	1,0	4,4
Irlanda	3,0	0,1	3,1	3,9	1,1	0,2	1,3	1,3	4,3
Giappone	2,7	0,2	3,0	3,0	0,4	0,6	1,1	1,0	4,0
Lussemburgo	3,9	0,0	3,9	n.d.	n.d.	n.d.	n.d.	n.d.	n.d.
Grecia	2,5	0,2	2,7	2,3	1,2	0,0	1,2	0,8	3,9
Repubblica Ceca	2,8	0,1	2,9	3,7	0,8	0,1	0,9	1,0	3,8
Turchia	2,3	0,3	2,6	1,7	1,0	0,1	1,2	0,7	3,8
Slovacchia	2,7	0,1	2,8	3,1	0,7	0,1	0,9	0,8	3,6
Canada	n.d.	n.d.	n.d.	4,3	n.d.	n.d.	n.d.	2,3	n.d.

Fonte: Education at a glance, Oecd, 2005

Dottorati di ricerca (Ph.D.) ottenuti nel 2002 sul totale della popolazione nella classe di età corrispondente

	Tutti i dottorati	Dottorati in scienze e ingegneria
Svezia	2,8	1,4
Svizzera	2,6	1,1
Germania	2,0	0,7
Finlandia (2001)	1,9	0,7
Austria	1,7	0,7
Regno Unito	1,6	0,8
Francia (2001)	1,4	0,8
Australia	1,3	0,5
Paesi Bassi	1,3	0,5
Stati Uniti	1,3	0,5
Belgio	1,1	0,6
Norvegia	1,1	0,0
Portogallo (2000)	1,0	0,4
Spagna	1,0	0,4
Danimarca (2001)	0,9	0,4
Corea	0,9	0,4
Nuova Zelanda	0,9	0,4
Repubblica Ceca	0,8	0,4
Irlanda	0,8	0,5
Polonia	0,8	0,3
Slovacchia	0,8	0,3
Canada (2000)	0,8	0,3
Grecia	0,7	-
Ungheria	0,7	0,2
Giappone	0,7	0,3
ITALIA (2001)	0,5	0,2
Turchia (2000)	0,2	0,1
Islanda	0,1	0,0
Messico	0,1	0,0

Fonte: *Science, Technology and Industry Scoreboard*, Oecd, 2005

L'Italia, nota il Cerm, possiede una delle più basse percentuali di formazione dottorale, ovvero uno dei più bassi livelli di diffusione dell'istruzione terziaria superiore tra cittadini residenti; mostra uno dei più numerosi flussi in uscita di capitale umano verso gli Stati Uniti, alla ricerca di percorsi formativi di alto livello, tutto capitale umano che poi si stabilisce definitivamente all'estero; mostra il più basso livello di attrattività internazionale del sistema di istruzione terziaria superiore, con meno dell'1 per cento degli studenti arruolati nei corsi dottorali italiani di provenienza straniera; non dimostra, allo stato attuale, dinamiche che possano far sperare in un recupero di qualità e di competitività.

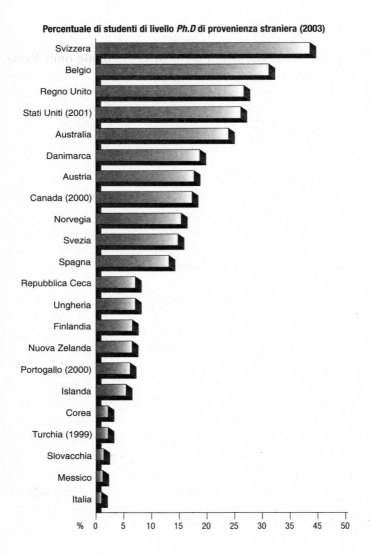

Percentuale di studenti di livello *Ph.D* di provenienza straniera (2003)

«La mobilità internazionale del capitale umano» avverte il Cerm «è un fenomeno da vedersi sicuramente con favore, perché permette di valorizzare il maggior numero di occasioni di "incontro" tra predisposizioni naturali, capacità sviluppate, interessi da un lato e, dall'altro, istituzioni di ricerca e strutture del sistema produttivo. [...] Tuttavia, proprio come nel commercio internazionale ogni Paese può trarre vantaggio dal partecipare come protagonista sul mercato globale, ma non può giovarsi dei suoi effetti positivi rimanendo in posizione passiva, cioè senza specializzarsi e senza dotarsi di strutture produttive efficienti ed efficaci, la stessa "legge" può essere trasferita a quel particolare bene che è il capitale umano.» Insomma, nel lungo termine, essere esportatori netti di cervelli significa assistere più a una fuga di cervelli che a un sano interscambio culturale. Il cosiddetto *brain drain* è causa e sintomo del declino economico e culturale che relega i Paesi alla subalternità sullo scenario internazionale. I cervelli fuggono, e non tornano; da noi non viene nessuno a studiare. La nazione si inaridisce.

La tabella che segue, nella pag. 214, fornisce un esempio significativo della fuga di cervelli dall'Italia. Essa si basa sull'origine degli occupati nel settore scienza e tecnologia: per l'Italia si registra un deflusso netto di oltre 31.000 unità.

La valutazione dell'Italia, conclude il Cerm, «rimane fortemente critica». Essa è nel contempo: 1) uno dei Paesi con la più bassa presenza di ricercatori sia all'interno delle imprese che nell'accademia (in rapporto agli occupati); 2) uno dei Paesi che incentiva di meno l'«alta formazione» interna e l'«import» di capitale umano di alto profilo, riconoscendo differenziali retributivi, al variare della dote di capitale umano, minori rispetto alla media Ocse e alla maggior parte dei partner Ue; 3) uno dei pochi Paesi Ocse in cui l'ottenimento di un titolo di istruzione terziaria peggiora le prospettive

**Mobilità all'interno dei partner Ue
Lavoratori occupati nel settore S&T
(«Scienza e Tecnologia»)
Dati in migliaia di persone**

	Di provenienza estera occupati nel Paese	Di provenienza del Paese occupati all'estero	Differenza
Belgio	17,7	10,7	7,0
Danimarca	2,6	5,9	-3,3
Germania	84,5	25,4	59,1
Grecia	0,2	12,0	-11,8
Spagna	3,5	16,9	-13,4
Francia	32,7	26	6,7
Irlanda	4,8	16,2	-11,4
ITALIA	3,3	34,4	-31,1
Lussemburgo	3,1	1,0	2,1
Paesi Bassi	14,7	14,9	-0,2
Austria	5,3	17,6	-12,3
Portogallo	1,0	8,9	-7,9
Finlandia	0,9	5,7	-4,8
Svezia	11,7	2,9	8,8
Regno Unito	43,4	30,9	12,5

Fonte: Commissione Europea, Dg Research, 2003

occupazionali, invece che migliorarle rispetto alla ricerca di lavoro con un titolo di istruzione secondaria; 4) il Paese Ue che mostra i più elevati livelli di *job mismatches* (cattiva allocazione delle risorse umane) sia per le persone dotate di istruzione secondaria che di terziaria, a testimonianza di un tessuto produttivo «sclerotico», non in grado di creare idonee possibilità occupazionali per le figure specializzate, e di un sistema di istruzione povero di collegamenti con il mercato del lavoro e con insufficiente capacità di orientamento.

La finta guerra

Molte volte accettare la realtà è doloroso. Accettare il verdetto di un mercato che lentamente ti taglia fuori è dura, prendere atto che quello che si è fatto per tanto tempo perde valore e non serve più è difficile. Ma il mondo dell'impresa è come quello della Formula 1: devi continuamente innovare te stesso e il tuo prodotto, perché c'è sempre qualcuno che studia come fare meglio quello che tu stai facendo.

Il governo può mettere un'azienda nelle condizioni migliori per competere, anzi ha l'obbligo di farlo, e il sindacato sa che anche i lavoratori guadagnano dal successo di un'impresa. Una volta ottenuto tutto ciò, però, è l'impresa che deve creare valore. Deve creare il valore considerato tale nel mercato in cui opera nel momento storico in cui opera. E se si trova a produrre qualcosa che non si vende, non se la deve prendere con i suoi competitori, né con i clienti: deve riuscire a produrre qualcosa che si venda.

Negli anni passati abbiamo combattuto battaglie di un'inutilità assoluta. Abbiamo perso tempo con un referendum per l'abolizione dell'articolo 18 che deve aver fatto impazzire dalle risate i cinesi i quali intanto continuavano a rilevare aziende da italiani che fallivano. Abbiamo visto sgravi fiscali per la costruzione di capannoni nel Nordest, capannoni poi rimasti inutilizzati dal momento che la gente non aveva soldi per comprare, e quindi non c'era nulla da immagazzinare. Abbiamo passato mesi a discutere e litigare sulla Legge Biagi, una legge che si è limitata a creare nuove fattispecie di contratti nella maggior parte dei casi rimasti inutilizzati dalle imprese. Si è sviluppata una fortissima tensione sociale e sono stati mesi buttati dal punto di vista della competitività delle aziende.

Le aziende vogliono pagare meno tasse, come tutti, e hanno bisogno di una spinta per innovare. Serve loro un sistema che premi l'iniziativa, lo studio, la ricerca, una spinta che disincagli le imprese più lente dalle secche della competizione al ribasso. Ma hanno anche bisogno di idee. E quelle, al di là di tutto ciò che possono fare gli altri, se le devono far venire loro. Per farsele venire, hanno bisogno di gente brava, di cervelli freschi, di impegno e di investimento nelle idee stesse.

Calcolatori ad alta potenza, computer ultraminiaturizzati che si portano nella giacca e monitorano lo stato di salute di chi la indossa, lampadine che consumano pochissimo, occhiali per pattinatori sul ghiaccio, automazioni per porte da garage, tende o tapparelle, facciate cangianti di palazzi o catene per auto che si mettono da sole: queste imprese stanno trainando la ripresa del Nordest italiano. A volare è chi inventa.

Chi ha deciso di rincorrere le produzioni a basso costo (cinesi, taiwanesi, coreane e thailandesi) è destinato a soccombere, perché se anche arriverà al governo una maggioranza guidata dalla Thatcher, nessuno potrà mai abbassare il costo del lavoro così tanto da renderci competitivi con i concorrenti asiatici. La via che si apre davanti alle nostre imprese è invece quella della qualità. Una maglietta di lino la sanno fare tutti, un tailleur di valore lo sanno cucire in pochi. I funghi secchi potranno anche venire dalla Slovenia, il tartufo buono solo da Alba.

Negli anni passati si è cercato lo scontro con il sindacato, si sono invocati i dazi contro i prodotti cinesi, si è contestato il Patto di stabilità, si è denunciato l'euro; se ricordate, si è detto anche che l'allontanamento di Saddam dall'Iraq avrebbe fatto crollare il prezzo del petrolio.

È incredibile che, davanti a un sistema formativo come quello che abbiamo tratteggiato, si sia perso tempo con queste sciocchezze. Solo abbandonando inutili battaglie ideologiche si eviterà l'emarginazione dai mercati, solo chiedendo politiche che stimolino la voglia di investire, studiare, fare ricerca e inventare, solo formando lavoratori e manager di qualità l'impresa italiana potrà reagire al declino. Solo rischiando l'impresa, e solo garantendosi gli strumenti per vincerla, l'imprenditore tornerà a conquistare il mercato.

Conclusioni
Obiettivo: vivere e filosofare

Il grattacapo

La politica è (anche) soluzione di problemi. Poi è tante altre cose, certo. Ad esempio, valori sulla base dei quali individuare i problemi, ideali con i quali orientarsi nella loro soluzione, è un senso comune per il quale la collettività sente di essere unita quando ci sono da risolvere, prevenire, archiviare problemi. Chi ha il potere, quindi, lo deve esercitare innanzitutto per risolvere problemi; se non ci riesce lascia il posto ad altri. Lo schema è semplice, e funzionale.

Non è invece semplice la politica quando ci si mette a farla. In ogni attività umana il passaggio dalla teoria alla pratica è un passaggio dal semplice al complesso, dall'ideale al reale, dal perfetto all'imperfetto, e la politica sembra «chiacchiera» agli occhi dei più proprio perché vive su una contraddizione: è una materia difficile, i segreti della quale sono noti a pochi, ma deve essere nel contempo a disposizione di tutti, da tutti controllabile. È democratica, ma non . è semplice.

Ha un proprio linguaggio. Criptico, per adepti. Proprie regole, complesse, vaghe, note a pochi, delle quali passa il tempo a discutere. Nel tentare di risolvere problemi, la politica li crea, e la loro soluzione assorbe la maggior parte del tempo a disposizione degli addetti ai lavori. I problemi della politica sembrano impedire alla politica la soluzione dei problemi della collettività. Un bel grattacapo, che rende la politica estranea al mondo quotidiano, lontana, aliena, difficilmente comprensibile.

Pensiamo a quei giornali tipo "Il Foglio", giornali rivolti a un ristrettissimo target, scritti con un linguaggio per iniziati, quotidiani che oltre a informare dettagliatamente sui problemi della politica vengono utilizzati talvolta da protagonisti e comprimari per mandarsi messaggi più o meno criptati. Naturalmente si tratta di informazione specialistica, ed è giusto che sia così, ma questi giornali possono essere letti come l'esempio più chiaro di un fenomeno molto ampio, che riguarda i media in generale e, ancora più in generale, l'intera società italiana.

Parlare di politica vuol dire per i più parlare agli addetti ai lavori.

Editoriali, dibattiti e saggi; letti, scritti, frequentati e studiati dalle élite, danno il tono e dettano i temi agli altri giornali, alla tv, forniscono il linguaggio e il carattere alla giornata politica stessa. Lo stile tende a omogeneizzarsi, il linguaggio si allontana cronicamente dal vivere civile. Si citano onorevoli sconosciuti come si potrebbe citare un centravanti del Milan, dando per scontato che chiunque ascolti conosca le gesta, gli editoriali e le interviste di eterni deputati o di austeri professori che decidono di prestarsi alla vita pubblica. Il problema della politica italiana è che, a forza di parlare tra di loro, i pochi protagonisti della scena tendono a ridurre le parole in uso, a condividere gesti, atteggiamenti e intenzioni, a dare per scontati concetti che piano piano si trasformano in luoghi comuni, ingabbiando il dibattito e costringendo il pensiero di chi al dibattito partecipa. Innescato il tema, la discussione va in automatico: parlano sempre gli stessi, dicono le cose che ognuno si aspetta, e si attende la rivincita al turno successivo.

L'Italia tende a essere favorevole o contraria sempre alle stesse cose, quelle dette sempre dalle stesse persone. Il dibattito sulla giustizia, quello sul fisco, quello sulla guerra e qualunque altro, si riducono a scambi di battute tra attori che interpretano (chi più e chi meno bene) sempre gli stessi ruoli: nuovi ipergarantisti, nuovi giustizialisti, nuovi monaci e nuovi corsari si scaldano per sostituire i vecchi protagonisti, al fine di assicurare un eterno ricambio a quella che rischia di trasformarsi nell'infinita telenovela della politica italiana.

Dal dibattito politico scompaiono i temi «bassi», i problemi concreti che dovrebbero invece essere il metro attraverso cui i politici vengono giudicati. Lo stipendio, la casa, l'inflazione, premono ai cancelli del dibattito politico che, se li lascia entrare, li trasforma subito in tema «alto», di scuola, per tecnici: entrano in ballo le visioni del mondo, categorie filosofiche o politologiche, e il confronto su un tema concreto si trasforma nuovamente in argomento da convegno.

Se è normale che la politica (come ogni altro settore della vita civile) abbia le proprie regole, il proprio linguaggio specialistico, i propri esperti, non è normale che la specializzazione si trasformi in autoreferenzialità, e non è normale che la specializzazione diventi l'unica chiave di ingresso in un mondo che nel «popolare» ha la sua origine più profonda.

È come se di colpo scomparissero dal mondo reale i medici generici, e la cittadinanza si trovasse a discutere della propria salute solo con Premi Nobel o con specialisti in malattie tropicali. Quanto tempo ci metterebbero a ricomparire stregoni e sciamani?

Nella morsa di Aristotele

La politica che sceglie di presentarsi al prossimo solo come politica «alta» viene letta dalla stragrande maggioranza dei cittadini come politica «inutile», e la sua immagine si svilisce. Il piccolo schermo la riduce nei tg ad una raffica di dichiarazioni, oppure la eleva a dibattiti talmente alti e specialistici da respingere il grosso del pubblico. Nella rete finiscono anche i deputati, i politologi, gli uomini di governo, che o cercano spazio in trasmissioni «popolari» dove mettere in mostra un qualche aspetto di sé non legato al mandato che hanno ricevuto (ballano, cantano, si emozionano, si tirano torte in faccia), oppure aspirano a partecipare a dibattiti d'élite, dibattiti nei quali ci si scervella sul doppio turno proporzionale o sulla natura più profonda del cristianesimo, ma si sta ben lontani da argomenti come i trasporti e gli asili nido. Il politico, per parlare alla gente, sceglie di presentarsi come non politico; quando vuole mostrarsi come politico, sceglie trasmissioni di élite. Si arriva al paradosso per cui l'aggettivo «popolare» acquista nel circolo chiuso degli addetti ai lavori un'accezione negativa, mentre dovrebbe essere il carattere più profondo della buona politica.

Lungi dall'indebolirsi a causa del suo isolamento, la politica mantiene un enorme potere sul Paese. E non è il potere cui viene istintivo pensare, quello di fare nomine, o di influenzare i soggetti economici e sociali. È un potere più subdolo e misterioso, quello di dare la forma a tutto. Il fatto di essere incomprensibile la rende misteriosa e, nella totale indeterminatezza e vaghezza del suo senso profondo e dei suoi confini, la politica diventa una vaga nebbiolina che avvolge tutto, e che confini non ha. Tutto è criticabile, commentabile, definibile, in chiave politica: il lavoro di un giudice, quello di un giornalista, quello di un allenatore sportivo.

La politica minuziosa ed elitaria degli specialisti è in

realtà vaga, indefinita, potente ed onnipresente. La collettività (quella che alla politica ha dato il mandato originale,
quella che dovrebbe darle il senso e il ritmo, quella che dovrebbe demandare agli esperti l'individuazione e la soluzione dei problemi) si intimidisce, si sente soggetta alle decisioni di questo mondo «altro», lo teme e lo rispetta, ma al
tempo stesso lo guarda con sospetto e ne diffida. Il potere
diventa sinonimo di alterità, differenza, e quindi di privilegio, approfittamento. La politica è l'arte del far nulla, i politici sono dei fannulloni.

In questo quadro la politica torna a disposizione di tutti
solo quando acquista una semplicità eccessiva, dirompente,
sfigurante: in pratica, quando si avvicinano le elezioni. Gli
stessi addetti ai lavori che negano la semplicità quando si
tratta di gestire il potere, la elargiscono a piene mani quando si tratta di raccogliere i voti: quando il potere, insomma,
bisogna farselo consegnare. Se l'obiettivo è farsi dare il voto,
non si sta tanto a guardare per il sottile, si tira fuori dal proprio repertorio quanto di più «popolare» ci sia, e popolare
(nella accezione sbagliata che la cattiva politica dà al termine) è sinonimo di violento, rozzo, approssimativo.

Come abbiamo già detto: vuoi dividere l'Italia? Domand-
dale chi è con Dio e chi è contro Dio; chi è con l'Occidente
e chi con l'Islam, chi è per la libertà e chi non lo è.

L'Italia uscita dal voto alle ultime elezioni politiche è
un'Italia divisa perfettamente a metà: chi sta con Berlusconi
e chi sta con Prodi. Poche settimane dopo, il voto amministrativo ha disegnato un'Italia completamente diversa. A Torino Sergio Chiamparino ha raccolto il 66,6 per cento dei
voti contro il 29,5 per cento di Rocco Buttiglione; a Roma
Walter Veltroni il 61,4 per cento contro il 37,1 per cento di
Alemanno; a Napoli Rosa Russo Jervolino il 57,1 per cento
contro il 37,8 per cento di Franco Malvano; a Milano Letizia
Moratti il 52 per cento contro il 47 per cento di Bruno Fer-

rante. Fermi restando le differenze tra i sistemi elettorali, le diverse poste in gioco e i diversi momenti storici in cui si sono tenute le consultazioni, le maggiori città d'Italia hanno dimostrato come, ponendo domande diverse, si possano ottenere risposte differenti. Se le politiche avevano spaccato il Paese in due, le amministrative hanno dato risultati completamente differenti. Per il voto amministrativo gli italiani si sono mischiati: le due Italie non c'erano più.

Vuoi che l'elettorato non si divida in due come una mela? Parla il linguaggio che parla lui, interrogalo sui programmi concreti, su cose che conosce (come le esigenze della propria città). Per scatenare la guerra tra le due Italie servono le domande giuste, o meglio: servono le provocazioni giuste, altrimenti questa guerra non c'è. Non c'è prima del voto, perché non si formano gli schieramenti che dovrebbero combatterla, non c'è dopo il voto perché i risultati mostrano che molti di quelli che dovrebbero combattersi in realtà (sui temi specifici) la pensano allo stesso modo.

Un Paese che non arriva alla fine del mese non può essere tenuto in piedi dalle teorie sul Bene ed il Male, o da quelle sul Comunismo e sul Liberismo.

La mancanza di un progetto di società si sente solo quando i nodi arrivano al pettine, quando la collettività chiede risorse e queste non ci sono: la soluzione dei problemi concreti sgombra il campo dalla fatica del vivere, e permette di progettare un futuro migliore. Un Paese costretto a occuparsi dell'immediato, della fine del mese, della casa in affitto, della bolletta della luce o dell'orario di lavoro da far quadrare con il tempo libero dei nonni, è un Paese che non riesce a pensare ad altro, e questo non è un bene. Anche perché mentre il grosso della nazione si affanna dietro al vivere, una buona parte di quel Paese che guadagna e si arricchisce a tutto sembra interessata meno che alla filosofia. L'Italia è stretta nella morsa di Aristotele: costretta a pensare a come vivere, lascia che il filosofare si trasformi in un hobby per pochi. Mentre osserva i propri (scarsi) stipendi affondare sotto il peso del costo della vita, mentre osserva il sistema fiscale prelevare ai poveri per dare ai ricchi, mentre osserva pochi furbi fare tantissimi soldi, l'Italia non riesce più a progettare. Il pensiero, l'elaborazione teorica, sono diventati un atteggiamento, un cliché, un modo di fare con cui i pochi tengono lontani i tanti dalla cosa pubblica. I grandi temi dovrebbero servire invece a orientare la politica, non a mascherarne l'inerzia.

L'Italia non può occuparsi solo del vivere. All'Italia serve anche il filosofare: serve il contributo intellettuale e culturale degli anziani, serve l'energia e la progettualità degli adulti, serve la capacità di immaginare il futuro (e quella di leggere il presente) dei giovani.

La speranza? Chi sta zitto

Avete mai provato a contare le persone che stanno zitte? Sono tante, sono sempre più di quelle che parlano, in qualsiasi contesto decidiate di fare il test. Per ogni persona che parla ce ne sono tante, tantissime, che restano in silenzio. Forse ascoltano, forse pensano ad altro, forse concordano con chi si esprime, forse dissentono da lui. In ogni caso, fateci caso: sono sempre di più di quelli che parlano. Mentre i media si perdono dietro a scontri feroci tra protagonisti consumati di battaglie inesistenti, la gran parte della gente normale assiste silenziosa, al limite si schiera, ma senz'altro si confronta con una realtà assolutamente differente: una realtà dove nessuno ha le idee così chiare come chi va in tv, una realtà dove in pochi si fanno le domande su cui si dividono i politici. Una realtà in cui non si gioca.

Chi parla vive un mondo, chi sta zitto ne vive un altro.

223

Alla fine, però, inevitabilmente, qualcuno di quelli che adesso stanno zitti parlerà: dirà che «il re è nudo», oppure che «la corazzata Potëmkin è una cagata pazzesca», e verrà sommerso da «novantadue minuti di applausi». Basterà poco, basterà una parola, ed il gioco verrà scoperto; probabilmente chi avrà il coraggio di pronunciarla vincerà la leadership di un Paese stufo di scontrarsi su battaglie senza senso. Perché mentre la politica si nasconde dietro se stessa, i problemi si aggravano, e pesano su quella quotidianità che è stata bandita dal dibattito generale. La politica nasce perché serve a tutti, e se diventa un gioco di pochi, gli elettori iniziano a domandarsi perché tenersela.

Il Risiko è complicatissimo. Personalmente, non ci ho mai capito nulla, e l'ho sempre trovato molto noioso; la politica invece emoziona, è bella, è vera e la possono fare tutti. Chi vince, in questo caso, è chi smette di giocare.

E chi ricorda agli altri quanto sia bello, nel contempo, vivere e filosofare.

Ringraziamenti

Grazie a tutti i miei, perché uno può dire e fare mille cose, ma alla fine sempre là si torna.

E grazie a tutti i miei (sic).

Per evitare un anche solo ipotetico «conflitto di interessi», Vittorio Amedeo Alessio non ha partecipato alla stesura delle parti in cui si trattano le questioni energetiche.

Molti dei temi trattati in questo libro sono stati individuati e sviluppati in *Ballarò*, grazie al lavoro di Fernando Masullo, Anna Maria Catricalà, Lello Fabiani, Stefano Tomassini. Molti dei dati che trovate in queste pagine sono stati scovati, raccolti ed elaborati dalla redazione di *Ballarò* nel corso di un anno di lavoro. Serena Rosella, Mercedes Vela Cossio, Alessandra Rossi, Marzia Maglio, Giulio Valesini, Emanuela Giovannini, Barbara Paolucci, Raffaella Malaguti: a tutti loro, grazie.

Note

1. Dal regolamento del Risiko.
2. Poi la cifra è scesa a 16,7 nel 2000 e a 15,5 nel 2001; è risalita a 17 nel 2002, per diminuire a 13,9 nel 2003 e cadere a 10,5 nel 2004, il dato più basso.
3. Con l'incarico di viceministro con delega alle Entrate.
4. Dati raccolti da "Il Venerdì", 28 luglio 2006.
5. Nel numero sopra citato.
6. Le plusvalenze vengono inserite nel reddito di impresa soggetto all'Ires. Qui poi vige la *participation exemption* (Pex): non si pagano imposte su partecipazioni detenute da almeno 12 mesi e iscritte tra le immobilizzazioni finanziarie del primo bilancio del periodo in possesso. La Pex vige anche altrove nell'Unione Europea (per esempio, in Olanda, Spagna, Regno Unito).
7. "Il Sole 24 Ore", 30 marzo 2006.
8. «Italy: A Look into the Next Political Term», 17 ottobre 2005.
9. "Il Sole 24 Ore", 24 marzo 2006.
10. Francesco Giavazzi, «Bot dei poveri e bot dei ricchi», "Corriere della Sera", 27 marzo 2006.
11. Austria, Belgio, Cipro, Danimarca, Estonia, Finlandia, Francia, Germania, Grecia, Irlanda, Italia, Lettonia, Lituania, Lussemburgo, Malta, Paesi Bassi, Polonia, Portogallo,

Regno Unito, Repubblica Ceca, Slovacchia, Slovenia, Spagna, Svezia, Ungheria.

12. Peraltro il 40 per cento dell'incremento è stato prodotto da appena quattro settori: edilizia (+4,7 per cento), forze dell'ordine (+8,9 per cento), credito (+3,2 per cento) e commercio (+5,4 per cento).

13. Realizzato da Od&M Consulting in collaborazione con «Il Sole 24 Ore – Job».

14. «Contro il caro-vita maggiore vigilanza e più concorrenza», 2 gennaio 2006.

15. «Moderazione sui salari. E perché non sui prezzi?», 20 giugno 2006.

16. «Italy: A Look Into the Next Political Term», cit.

17. Eurostat, *Population and Social Conditions*, 13/2005.

18. Dal nome di Marco Biagi, giuslavorista ucciso dalle Brigate Rosse il 19 marzo 2002, coautore del cosiddetto «Libro bianco sul mercato del lavoro» che ha in parte ispirato la Legge 30.

19. Dati raccolti e presentati da Nidil-Cgil in collaborazione con Ires, Istituto di Ricerca Economico Sociale.

20. Tavola pubblicata su Cgil Servizi, *Lavoro nero – lavoro precario. Guida ai diritti e alle tutele.*

21. Marcello Messori, «Previdenza complementare, arrivederci al 2008», in "lavoce.info".

22. Esilio Donato, «Uno scandalo inglese» in "lavoce.info", 7 novembre 2005.

23. Ibid.

24. Mario Fezzi, in "DL online", «Legge Biagi: una normativa apparentemente inutile».

25. Cnel-Istat, 2 dicembre 2003.

26. Sondaggio effettuato nell'ambito di Chase (Chambers against stereotypes in employment), un progetto di Eurochambres (Ue).

27. Rapporto Istat sul 2005.

28. Gianluca Violante, «Le età della politica», in "lavoce.info".

29. Tabella da Carlo Scarpa (a cura di), «Liberalizzazione, servizi pubblici e povertà» in "lavoce.info".

30. Il governo Prodi ha messo a punto un meccanismo di compensazione del prezzo che dovrebbe frenare il prelievo fiscale in caso di nuovi aumenti di greggio o gas. In pratica se sale il prezzo del gas si riduce la tassa.

31. Orazio Carabini, «Privilegi e partito nimby», in "Il Sole 24 Ore", 12 luglio 2006.

32. Mario Sconcerti, «Vincono le piccole con l'aiuto della Juve» in "Corriere della Sera", 9 agosto 2006.

33. Tavolo di confronto permanente sui temi del nimby.

34. "Il Sole 24 Ore", 10 ottobre 2005.

35. 1508,176 miliardi di euro (Fonte Bankitalia al 31 dicembre 2005).

36. Anche Standard & Poor's ci ha messo da tempo sotto esame con possibili conseguenze negative per il rating.

37. Massimo Mucchetti, «Opa, le magnifiche prede», in «CorrierEconomia», 13 marzo 2006.

38. «Il sistema di istruzione italiano: alcuni sintetici spunti per un confronto internazionale.»

Indice

L'ITALIA SUL TABELLONE: I CONTI E LE IMPRESE